MULHER *FIEL*

Etnografia do Amor nas prisões do PCC

CONSELHO EDITORIAL

Ana Paula Torres Megiani
Eunice Ostrensky
Haroldo Ceravolo Sereza
Joana Monteleone
Maria Luiza Ferreira de Oliveira
Ruy Braga

MULHER *FIEL*
Etnografia do Amor nas prisões do PCC

Jacqueline Ferraz de Lima

Copyright © 2015 Jacqueline Ferraz de Lima

Grafia atualizada segundo o Acordo Ortográfico da Língua Portuguesa de 1990, que entrou em vigor no Brasil em 2009.

EDIÇÃO: Haroldo Ceravolo Sereza
EDITORA ASSISTENTE: Camila Hama
PROJETO GRÁFICO E DIAGRAMAÇÃO: Maiara Heleodoro dos Passos
ASSISTENTE DE PRODUÇÃO: Cristina Terada Tamada
ASSISTENTE ACADÊMICA: Bruna Marques
REVISÃO: Maiara Heleodoro dos Passos
CAPA: Ion Fernández De Las Heras

Esta edição contou com o apoio da Fapesp

CIP-BRASIL. CATALOGAÇÃO-NA-FONTE
SINDICATO NACIONAL DOS EDITORES DE LIVROS, RJ

L699m

Lima, Jacqueline Ferraz de
MULHER FIEL: ETNOGRAFIA DO AMOR NAS PRISÕES DO PCC
Jacqueline Ferraz de Lima. – 1. ed.
São Paulo: Alameda, 2015.
202p. ; 21 cm.

Inclui bibliografia e índice
ISBN 978-85-7939-334-1

1. Relações com a família - Brasil - Estudo de casos. 2. Cônjuges de prisioneiros - Brasil - Psicologia - Estudo de casos. I. Título.

15-24627
CDD: 363.450981
CDU: 343.575

ALAMEDA CASA EDITORIAL
Rua Conselheiro Ramalho, 694 – Bela Vista
CEP 01325-000 – São Paulo – SP
Tel. (11) 3012-2400
www.alamedaeditorial.com.br

Às mulheres da minha vida.
Em especial,
para Sueli.

Sumário

Apresentação	9
Prefácio	19
Introdução	35
Pesquisa de Campo	47
Sobre os Capítulos	49
Capítulo 1 – Enunciados *éticos* e *morais*: a construção de um pluriverso *moral* às *cunhadas*	53
Os diferentes sentidos atribuídos à *caminhada* e a construção de um pluriverso *moral*	58
"(…) viajamos 7 horas pra estar aqui e vamos viajar mais 7 horas pra voltar pra casa" - A frequência na visita	65
"cuidado! vai chutar o jumbo do preso" – A preocupação com o *Jumbo*	70
"O que importa mesmo é o tempero de casa" O preparo da comida	80
A *família*, ter *família*, ser *família*: os significados do termo *família* para a instituição, segundo as *cunhadas*	88

Capítulo 2 – *Sacrifício, disciplina e debate*: 97
a produção de uma mulher de *proceder*

Sacrifício como fundamento da *família* sagrada   100

A extensão da *disciplina* e as negociações   109
de saberes acerca do *proceder*

O funcionamento do *debate*   116
A produção de uma mulher de *proceder*

Cobrança   122

Interdição   127

Considerações finais sobre o *debate*   130

Capítulo 3 – Mulher *fiel*: as *famílias* das *cunhadas*   133

"Aqui quem fecha é a *fiel*"   137
Família-imperfectiva, *família*-manutenção e *família*-completa:
o protagonismo da mulher *fiel*

A imagem da *fiel*   138

O contrário da *fiel*   149

As adjacências da *fiel*   153

"Só a fiel vai até o fim"   165
Negociações e investimentos das *cunhadas*

"Então eu meto o louco" – A produção de um efeito-resistência   166

"Elas são submissas porque são as mulheres dos caras, né?"   171
A insubmissão das mulheres

Considerações Finais   183

Referências Bibliográficas   189

Agradecimentos   197

Apresentação

Jorge Mattar Villela

Em 2011, a revista *Critique of Anthropology* publicou os resultados de um encontro organizado pelas antropólogas Soumhya Venkatesan e Jeanette Edwards (2011), em que se propôs a seguinte moção, também título do encontro e do dossiê da revista: "A fixação antropológica pela reciprocidade não deixa espaço para o amor".[1] As organizadoras convidaram outras três colegas para aderir ou refutar a moção: as antropólogas Elizabeth Povinelli e Perveez Mody e o antropólogo siberianista Rane Willerslev. O problema inicial a ser enfrentado era o de detectar, como avançava Jeanette Edwards, se o interesse antropológico pelo amor não se devia ao lugar central que lhe era destinado na ideologia euro-americana. A despeito da dúvida etnocêntrica, Edwards sublinhava a raridade de etnografias que mostrem o que constitui o amor e como ele é vivido.

O livro que se segue a essa apresentação e ao belo prefácio de Luiz Henrique de Toledo soma-se a esta pequena lista de etnografias que

---

[1] "The Anthropological Fixation with Reciprocity Leaves no Room for Love", no original. Grupo de debate promovido em 2009 no Departamento de Antropologia da Universidade de Manchester, Reino Unido.

descrevem o que é e como é vivido o amor. Sem cair na armadilha de universalizá-lo, a jovem antropóloga Jacqueline Ferraz de Lima leva às últimas consequências uma das tarefas mais relevantes da antropologia e a que a aproxima mais da arte e da filosofia. Tarefa que enfrenta o desafio de responder a pergunta "como é possível?". Recentemente li numa etnografia sobre usuários de crack (Rui 2014) a seguinte pichação: "não estou tão bem quanto você pensa e nem tão pior quanto você deseja". Posteriormente, fui informado pela antropóloga Thaís Mantovanelli da recorrência dessa frase em muitos muros do país. Ao contrário da autora, interessada nos comparativos "bem" e "pior", considerei o quanto antropológico era esse par de sentenças se isolarmos a parte que ela destina à especulação e ao desejo. Pois, a quem se dirige essa dupla refutação? A que suposições e a que interesses ela pretende retorquir? Elas se destinam, segundo me parece, a quem enuncia a interrogação "como é possível?". Como é possível viver daquele jeito? Como é possível fazer da sua vida, da sua saúde, de seus corpos, o que fazem os usuários de crack, tema da tese de Rui (*idem*)? Mas a pergunta é ampla e cabe a muitos dos temas e objetos empíricos da antropologia, tal como, historicamente, essa atividade do conhecimento os definiu como seus. Como é possível acreditar em espíritos, em feitiçaria, em objetos pessoalizados? Como é possível os camponeses fazerem cálculos econômicos e conduzirem práticas que não maximizam os lucros? Como é possível a experiência do encarceramento? Cabe às antropólogas responderem como é possível. Cabe a elas, ainda, a difícil tarefa de descrever as possibilidade de pensar de outro modo, ou, como permite a língua francesa, de pensar outramente. Pensar de outro modo equivale a viver de outro modo e, no limite, a perguntar-se se um outro modo de vida (ou um outro mundo) é possível.

Como é possível amar como ama a "mulher fiel"? Esta etnografia do amor, da conjugalidade e das famílias das mulheres que visitam seus maridos, seus amores, numa das inúmeras penitenciárias do estado de São Paulo o descreve analiticamente com rigor e acurácia. Mais do que isso, ao falar da existência de um número limitado de mulheres – existência ignorada por todas as pessoas que não são elas – cuja construção de um tipo especial de família e de conjugalidade transita entre o que se poderia chamar de absurdo e inaceitável, Ferraz de Lima fala da difícil condição de todas as mulheres do ocidente frente ao domínio masculino. Um lugar onde, para usar a expressão da cientista política Wendy Brown (2012), pele nua e ostentação da sexualidade são das poucas medidas de liberdade e igualdade de que dispõem. Onde noção de liberdade foi empobrecida e reduzida à escolha individual (Brown, *idem*) e à ausência de ligações (Nathan, 2001: 48). Disso bem sabem as feministas muçulmanas, para quem o maior pesadelo é a ocidentalização das suas posições políticas (Abu-Lughod, 2002 e 2013).

A antropóloga feminista egípcia Lila Abu-Lughod, motivada pela invasão americana ao Afeganistão, escreveu um pequeno texto em cujo título perguntava-se se as mulheres muçulmanas necessitavam realmente de proteção. Pergunta retórica, já se adivinha. A dúvida central do artigo girava em torno da preocupação de duas das mais importantes primeiras damas do planeta com o uso ou desuso de uma peça de vestuário, a burca. Após uma explicação dos usos e desusos da burca naquele país, Abu-Lughod (2002) fala da condição das mulheres nos países árabes e de suas resistências. Onze anos mais tarde (Abu-Lughod 2013) o artigo foi transformado em livro, onde a autora procura mostrar que o uso da burca não retira das mulheres muçulmanas sua condição de indivíduos agentivos, reduzindo-as a vítimas da opressão cultural. As mulheres muçulmanas não são um grupo homogêneo, como é bem demonstrado por Abu-Lughod num outro trabalho (1993). Ali, onde as observadoras ocidentais não enxergam senão submissão e passividade, a antropóloga descreve algumas políticas de agência e resistência, por meio de uma abordagem etnográfica.

À sua maneira, *Mulher Fiel* leva adiante o mesmo movimento. Não por conta da situação específica das mulheres que visitam seus maridos presos nas cadeias do PCC. Mas pelo modo como sustentar uma relação conjugal com homens presos, também à sua maneira, justifica-se pela condição existencial e sentimental das mulheres no ocidente. Este livro, portanto, aparentemente modesto em alcance, escrito inicialmente para um punhado de antropólogas desde um pequeno, porém ousado, programa de pós-graduação, fala do mundo, do nosso mundo. Fala ainda da condição das mulheres no nosso mundo e da sua relação com o amor, do tipo de amor que muitos dos homens do nosso mundo destinam a elas. Fala, enfim, da estratégia, em certos casos desesperada, de serem alvos do amor incondicional. "Um homem nunca te ama como quando ele está preso", lemos já no final do texto, a frase dolorida de uma das pessoas em cujas vidas este livro se inspira. Era como se ela dissesse à minha amiga: Jacqueline, *you don't know what love is*, mas eu sei porque o meu homem está preso e só assim ele pode me amar.

Partir do que é localizado e falar do que é global, ou comum, mas não uniforme e nem universal, essa é outra das tarefas mais relevantes da antropologia realizadas por este livro. Trata-se de uma história triste, conquanto relatada sem tristeza. Sem apelação sentimental, sem vitimização, Ferraz de Lima não descreve uma experiência lúdica, as *cunhadas* não estão ruindo a visita. O texto, fluido, poderoso, leve e bem-humorado é a descrição analítica detalhada de uma série de noções vividas cotidianamente pelas mulheres dos presos. Este é um outro tema que o livro enfrenta: as formulações conceituais, a proliferação de conceitos antropológicos. Já retornarei a ele perto no final desta apresentação. Por agora, basta dizer que Ferraz de Lima obtém, da lida com os conceitos, um verdadeiro efeito de zig-zag, de modo que as argumentações de suas interlocutoras parecem conduzir-nos por um caminho até um momento em que giram 45 graus para percorrer outro, quase por cima do anterior, na diagonal oposta. Zigzag etnográfico é a coincidência com o vivido, escrito sob a expressão do estilo etnográfico. Esse é o efeito extraído pela autora de *Mulher Fiel*.

Esse livro descreve vidas duras, algumas endurecidas, outras exuberantes. Porque uma das facetas das pessoas entre quem Ferraz de Lima esteve durante quase 4 meses é a heterogeneidade. Elas diferem entre si na cor da pele, na renda familiar, no nível de educação formal, nos modos de agir – no mundo externo ao "evento-prisão" – e reagir às dificuldades que a existência às expõe. Elas são, portanto, existentes que diferem entre si, sem ajuste possível a tipos ou a classes. Elas são existentes imunes a qualquer estrutura classificatória e, consequentemente, hierarquizante. Pois todos sabemos, mesmo que em certa medida o ignoremos, que o fundamento de toda classificação é uma estrutura hierárquica.

Sem hierarquia porque, como sabemos desde os trabalhos de Biondi (2010 e 2014) e de Marques (2014), sob o modo de vida marcado pelo "evento-prisão" – como Ferraz de Lima chama o acontecimento que produz as mulheres entre as quais esteve na estrada, nos quartos e na cozinha da pensão onde se instalam e embelezam, e nas noites passadas no portão da penitenciária – a situação entre as mulheres que visitam presos em prisões de população predominantemente subscrita na legenda PCC é "de igual". Ali, "ninguém é mais que ninguém". Não obstante, um "pluriverso moral", diz a autora, norteia, como numa dietética, as condutas das *cunhadas*. O amor (eterno) garante uma posição, a posição de *fiel*, cuidadosamente distinguida de seus opostos e semelhantes: a *gadinho*, a *ponte*, a *recalcada*. Diferentes das que "gostam de preso", as que "gostam do preso" pretendem fazer das visitas, esse "sacrifício", o que torna sagradas a visita e a família, um meio de manter a situação de uma "família imperfectiva", atual, de modo a poder aguardar a atualização da família virtual, "completa", na hora da liberdade.

Mulher Fiel, não confundamos, não trabalha com o mundo imaginado pelas *cunhadas*, pois estas não idealizam o mundo. Seus conceitos são muito concretos. São conceitos etnográficos. Embora ausentes em todo o livro, dois nomes ressoam em suas páginas: os de Gilles Deleuze e Felix Guattari. Para eles, não existem conceitos simples. Ferraz de Lima e as *cunhadas* estão de acordo. Os conceitos nunca são originais, eles são o efeito das articulações. Não que os conceitos derivem meramente de outros conceitos, insistem Deleuze e Guattari (1991). Eles derivam de "um número finito de componentes" que se "bifurcam em outros conceitos", pois todo conceito é uma "heterogênese" (Guattari, s.d.; Deleuze e Guattari, *idem*: 21, 23 e 26). Assim é com o conceito de *fiel*. Heterogênese de condutas, de vestuário, de frequentações, de deferências. Pois todo conceito é um ato. Ato simultaneamente ou alternativamente discursivo e não discursivo. Assim como o conceito filosófico, ao contrário da "função" científica, o proceder da *fiel* (reverso do proceder masculino, segundo Ferraz de Lima) não é uma proposição. Na verdade, ela é uma anti-proposição, pois, insiste Ferraz de Lima, da *fiel* espera-se uma "circunspecção enunciativa".

É bem conhecido que para Deleuze e Guattari o "conceito pertence à filosofia e pertence apenas a ela" (*idem*: 37). Sem reivindicar um estatuto filosófico, *Mulher Fiel* instala-se nessa condição. Em 2007, o antropólogo siberianista Rane Willerslev propôs a existência de um "conceito antropológico de conceito". Segundo ele, a tendência das explicitações antropológicas dos conceitos alheios é refém da noção de "contexto social". Univocidade, consenso e estabilidade conceituais são os resultados desta operação lógica. *Mulher Fiel* descreve, além de um "pluriverso moral", a instabilidade dos conceitos, as diversas formas como diferem entre si os de mesmo nome, o modo como são acionados circunstancialmente fazendo distinguir e em certos casos divergir os sentidos que daí resultam. Sentidos que em certos casos sublinham relações de força.

Pois, retornando ao problema indicado acima quando mencionei as etnografias de Lila Abu-Lughod sobre as mulheres muçulmanas, *Mulher Fiel* trata do problema das relações de poder entre os gêneros. De novo, ao enfrentar essa questão, Ferraz de Lima propõe-se responder à pergunta "como é possível?". Desta vez, no entanto, a resposta dirige-se ao mesmo grupo de pessoas ao qual Abu-Lughod se reporta ao etnografar as vidas e as obras das muçulmanas, sejam elas beduínas (1988), egípcias, afegãs. Ambas refutam as argumentações de muitas feministas ocidentais, antropólogas inclusive. As duas etnógrafas, Abu-Lughod e Ferraz de Lima, pretendem deixar ao encargo das pessoas em cujas vidas seus trabalhos se inspiram a avaliação de seus atos e decisões. Pois as mulheres que visitam presos na cadeia do PCC entendem submissão, como mostra o livro que se segue, de modos surpreendentes. Não me cabe entrar no detalhe do argumento. Bastará dizer que "insubmissas" é o conceito escolhido por Ferraz de Lima para lidar com esse problema. Como antropóloga, Ferraz de Lima respeitou as reflexões e experiências de suas interlocutoras e descobriu desde muito cedo que o "primeiro princípio da etnografia, que envolve participação na vida diária por longos períodos, é ouvir e ver" (Abu-Lughod, 2013: 8) no lugar de "tipificar culturas por meio de generalizações sociais" (*idem*: 6). Se fosse usar seus próprios métodos de avaliação, a autora teria considerado submissas as mulheres de quem foi etnógrafa, assim como uma das leitoras as considerou, além de declarar que "para ela" a família dos presos não era sagrada, pois o laço mais sagrado era entre mãe e filhos. Mas Ferraz de Lima é antropóloga, leva a sério essa sua posição no mundo e rejeita a indigna opção de falar no lugar dos outros. Se fosse considerá-las desde seu próprio ponto de vista, certamente teria considerado as *cunhadas* um mero efeito da alienação de gênero que submete as mulheres à lógica masculina. Decerto, nem ela e nem as visitantes negligenciam essa possibilidade e as discussões entre estas últimas – expostas no livro – deixam isso bem claro. Ela está ali, nas vidas, nas reflexões, nas inquietações de muitas das que colaboraram para a redação deste livro. Mas elas não se limitam a esse estereótipo e mostram que as lutas de gênero contra andriarquia são multifacetadas, heteromórficas e, de novo, não se limitam a identificar a liberdade apenas onde se estabelece algum tipo de escolha. Foi essa a conclusão política a que chegou Ferraz de Lima ao assumir-se como antropóloga, quer dizer, ao deixar abalar o seu ponto de vista pelo de suas companheiras de viagem, de quarto, de portão de presídio e, embora no limite de 4 meses, de *sofrimento* e de *caminhada*.

Deixar-se abalar, transformar, muito mais do que relativizar ou tolerar, eis aí uma das mais impressionantes possibilidades da antropologia como resultado da pesquisa de campo em intensidade, ou seja, aquela que não se pode medir pela quantidade de dias ou de horas de trabalho. Nesse e em diversos outros aspectos, esse livro é exemplar. O rigor em esclarecer metodologicamente seu interesse em explicitar a complexidade moral, ética e política desde o ponto de vista das *cunhadas*, a abordagem honesta e vívida das circunstâncias existenciais, o modo original como lida com as histórias pessoais (sem transformá-las em histórias de vida ou em trajetórias), das relações institucionais com o sistema, com os diversos sentidos de *família*, libera para nós um mundo escondido, quase secreto. Assim como as demais etnografias recentemente escritas e publicadas acerca do domínio talvez mais ignorado de nosso mundo (Barbosa, 2005; Marques, 2014; Biondi, 2010) e ao mesmo tempo central para a sua compreensão, a penitenciária, lugar partilhado por uma quantidade cada vez maior de pessoas, em São Paulo em particular, mas no Brasil e no planeta, *Mulher Fiel* ajuda a revelar, a deixar conhecer, permite que sejam ouvidas as vozes silenciadas à força pelo sistema punitivo que os muros da prisão escondem.

Referências bibliográficas

ABU-LUGHOD, Lila. *Veiled Sentiments. Honor and poetry in bedouin society.* Berkeley: University of California Press, 1988.

_____. *Writing Women's Words. Bedouin stories.* Berkeley: University of California Press, 1993.

_____. "Do Muslim Women Really Need Saving? Anthropological reflections on cultural relativism and its others". *American Anthropologist*, nº 3, vol. 104, 2002.

_____. *Do Muslim Women Need Saving?* Cambridge: Harvard University Press, 2013.

BARBOSA, Antonio Rafael. *Prender e Dar Fuga.* Tese de Doutorado – PPGAS-Museu Nacional - UFRJ, Rio de Janeiro, 2005.

BIONDI, Karina. *Junto e Misturado. Um etnografia do PCC.* São Paulo: Terceiro Nome, 2010.

_____. *Etnografia no Movimento. Território, Hierarquia e Lei no PCC.* Tese de Doutorado – PPGAS-UFSCar, São Carlos, 2014.

BROWN, Wendy. "Civilizational Delusions: secularism, tolerance, equality". *Theory & Event*, Baltimore, nº 2, vol. 15, 2012.

DELEUZE, G. e GUATTARI, F. *Qu'est-ce que la Philosophie?* Paris: Minuit, 1991.

GUATTARI, Félix. "L'Hétérogenèse Machinique". *Revue Chimères*, Paris, nº 11, s. d.

MARQUES, Adalton. *Crime e Proceder: um experimento antropológico.* São Paulo: Alameda Casa Editorial, 2014.

NATHAN, Tobie. *Nous ne Sommes pas Seuls au Monde.* Paris: Seuil, 2001.

RUI, Taniele. *Nas Tramas do Crack.* Etnografia da abjeção. São Paulo: Terceiro Nome, 2014.

VENKATESAN, S.; EDWARDS, J.; WILLERSLEV, R.; POVINELLI, E. e MODY, Perveez. "The Anthropological Fixation with Reciprocity Leaves no Room for Love: 2009 meeting of theGroup for Debates in Anthropological Theory". *Critique of Anthropology*, Londres, nº 3, vol. 31, set. 2011, p. 210 - 250.

WILLERSLEV, Rane. "An Anthropological Concept of the Concept: Reversibility Among the Siberian Yukaghir". *Journal of the Royal Anthropological Institute*, vol. 13, dez. 2007, p. 527-544.

Prefácio

Luiz Henrique de Toledo

A narrativa etnográfica que segue poderá desacomodar no leitor alguns essencialismos sociológicos e morais que nutrem a esfera de senso comum quando o assunto é o mundo do crime e tal desafio vem de uma densa e analítica percepção da socialidade PCC. Deslocando o fardado e midiático tema das *práticas ilegais insufladas por grupos criminosos* para as experiências interpessoais entre mulheres e homens, deslizando a perspectiva do grupo à pessoa, Jacqueline Ferrraz de Lima enuncia, digamos numa atmosfera stratherniana, a pessoa humana não como membro de algum coletivo, mas agente na modelagem de relações que possa conter em si mesma (Strathern, 2014: 247) num contexto mais amplo de experiências pessoais.

Estão reunidos aqui fragmentos multisituacionais dessas experiências vividas por homens e mulheres, maridos e esposas, namoradas e namorados, mães e filhos, mas, sobretudo relações entre as próprias mulheres, cujas inserções pelos "movimentos" do PCC, assumindo-o assim desde as análises penetrantes de Biondi (2014), servem-se da terminologia de parentesco disponível em nosso meio para exprimir determinadas concepções estratégicas e estendidas tanto de "família" quanto de gênero.

Contraposto a tripla dimensão amparada numa noção de ordem, primeiro política, porque imbricada às esferas do estado, mas também epistemológica e metodológica, já que deslocará uma dada ordem no interior da própria discipina antropológica e o modo de acercamento de alguns temas canônicos, é que o presente texto se afirma como surpreendente etnografia. Razoavelmente compreendidas estão as observações de Herzfeld sobre a necessidade de separarmos teoria antropológica e visões estatais, sobretudo para quem, como ele, entende que "a antropologia teve um desenvolvimento notavelmente paralelo com aquele da lei e seus profissionais [que] sempre tenderam a buscar as normas de uma sociedade como a base para compreender estas categorias-chave, como são o parentesco e a 'família'" (Herzfeld, 2014[2001]: 270).

Por isso não esperem os leitores uma narrativa extravagante de mulheres desajustadas e famílias permeáveis à prática da deliquência, pois aquilo que se entende por mundo do crime não se espraia sem mediações e intimidades com os legalismos a produzirem fronteiras porosas (Das, 1999; Feltran, 2011) e convenções extraídas dos regimes morais da própria sociedade que o gesta. As relações entre apenados e suas companheiras não estão suspensas no tempo do cárcere porque seria o próprio tempo nesse caso que "trabalharia" tais relações a produzir um conhecimento pelo sacrifício, como nos ensina Veena Das ao analisar outros contextos de produção do sofrimento. Nesse sentido, é contraproducente reduzir tais arranjos aos estereótipos que alimentam muitas das visões mais apressadas sobre agrupamentos familiares mafiosos, arbóreos na concepção genealógica e hierárquicos na organização social, cujo epicentro nas figuras masculinas generificaria de maneira homogênea e estanque todo o arranjo, das pessoas às coisas (armas, comidas, cosméticos).

A análise de Jacqueline Ferraz de Lima, ao contrário, privilegia o ponto de vista das mulheres e assim procedendo não somente as reposicionam mais perto do protagonismo dentro desse arranjo como também as afastam na medida em que elas próprias potencialmente matizam as concepções assimétricas de gênero que permeiam seus mundos possíveis.

A relação entre cunhadas, que passo de modo um tanto temerário e à revelia da autora chamar de *cunhadismo*, é uma das dimensões dessa socialidade aqui etnografada e apresenta-se como face marcante dessas experiências afetivas narradas pela autora, tributárias da associação de mulheres que se fazem *cunhadas* umas das outras por força das contingências que estão além das dimensões da troca generalizada fundamentada na reciprocidade ou interdições e regras de parentesco.

Todavia, advogo em nome do caráter analítico do termo *cunhada* ao tomá-lo não simplesmente como uma forma generalizada de tratamento no interior dessa socialidade ou derivação de algum princípio de unidade *sibling* mais fundamental entre irmãos, mas com o propósito de evidenciar o que o leitor poderá encontrar nessa inquieta etnografia, ou seja, relações intrincadas e sutis entre parentesco e gênero e aquilo que autores como Bornemam (1996) definem por processos de filiação voluntária e que implicam em "processos de proteger e ser protegido" (Bonermam *apud* Herzfeld, 2014: 282), problematizando ideologias da descendência e práticas reprodutoras que amparam o núcleo duro das teorias de parentesco.

E a máxima "ninguém é mais do que ninguém", já destacada por Villela na vigorosa apresentação desse volume, parece, em princípio, motivar as dinâmicas entre inimigas potenciais onde cada uma delas circunscreve seu micro território existencial, cada espaço nas tensas viagens rumo às penitenciárias, cada ação negociada na escolha e cocção dos alimentos e o compartilhar das cozinhas coletivas, sem, contudo, deixar de observar as condutas éticas de mulher de preso do PCC, condição que aciona uma solidariedade estratégica reposta ou repensada a cada evento.

Fica aí, no entanto e para além da esfera da troca que poderia evocar uma análise preguiçosa, a inconclusiva moral PCC que supõe relacionalidades entre mulheres tomadas pela posição assumida de *cunhadas*, reveladas sujeitos e protagonistas de suas prórias histórias pessoais nos percalços entrecruzados de encontros e desencontros afetivos que permeiam seus mundos a partir do mundo do crime, descortinando algumas das formas insurgentes de relações que dizem respeito aos regimes de gênero aí implicados.

Aqui, as táticas dos afetos e das paixões serão mobilizadas o tempo todo como anversas dos discursos presentificados pelo enclausuramento, vigilância, intolerância e incompreensão, enfim, formas mais do que retorcidas da desigualdade de gênero induzidas e maximizadas pelo sistema prisional masculinizante vigente. E embora este sistema prisional alcance as relações interpessoais, muitas vezes imprimindo às mulheres uma generalizada suspeição, já que permanentemente identificadas, porque próximas ou movimentando-se pelos fluxos do crime, o protagonismo metodológico assumido pela autora ao trazer esse universo para o leitor mostrará que essas mulheres são, de fato, menos vítimas ou coadjuvantes das situações impostas pelas condições de cárcere a que estão submetidos seus companheiros de afeto e mais agentes ativas na produção, antes de tudo, da dignidade humana que se deve observar em situações dessa natureza, ainda que à revelia das instituições prisionais e à revelia até mesmo das demandas que cada uma imprime como caminhada sacrificial pessoal.

Diria que é contra a barbárie, em certa medida, que este livro se impõe ao trazer pontos de vista de dentro do campo heterogêneo das feminilidades para os domínios marcadamente masculinizantes da esfera prisional, jurídica e política. Mais do que simplesmente *dizer* algo a respeito de suas relações íntimas ou exprimir opiniões seguras sobre temas que as cercam – sexo, gênero, crime, vida cotidiana, acabam por *mostrar* num arranjo entre *cunhadas* conhecimentos acerca da vida produzidos na interface da cotidianidade do mundão e aquilo que a autora conceitua de *evento-prisão*.

Em nossa sociedade heteronormativa e ainda acentuadamente masculinizante nas proposições a respeito dos regimes de afeto, e pensando no domínio do parentesco como matriz de categorias relacionais que recalcam tais condições, a designação *cunhada* seria aquela que traduziria a figura de uma interdição, que nos limites das relações circunscritas ao regime monogâmico prevalente de aliança apresenta-se como mantenedora da distância entre o mesmo e o outro. Dupla figura a produzir forma e fundo nos relacionamentos interpessoais, cuja dinâmica das relações heteronormativas entre homens e mulheres estabelecerá os limites mais evidentes a circunscrever a mobilidade dos desejos e paixões.

Do ponto de vista masculino à associação monogâmica não se recomenda o acesso indiscriminado a todas as "irmãs", mas somente àquela que transformará imediatamente todas as outras, por força das convenções, em fundo moral de onde somente a única "escolhida" vicejará no constructo interpessoal da intimidade heteronormativa.

Portanto, *cunhada*, desde que detida no domínio mais geral do parentesco, remeteria a imagem de uma impossibilidade, mas, sobretudo de uma autoridade, que teria algo a ver com relações estabilizadas pelos imperativos da interdição a frear (mas não estancar completamente) o livre fluir das paixões e experimentações em torno do amor. Mas há algo mais em jogo aqui neste livro que diz respeito à um conjunto de relacionalidades que extrapolariam os limites de um parentesco alicerçado nas relações amorosas.

E por isso mesmo a narrativa não trata propriamente dos amores impossíveis ou das escolhas pessoais audaciosas feitas por esta ou aquela mulher, embora algumas escolhas sejam e entrem no cálculo de uma tipologia moral nativa que não escapa à autora (*mulher fiel versus* todas as outras: *talaricas, interesseiras, gadinho*), nem tampouco disserta sobre afetividades abortadas ou interditas, mas diz muito sobre uma dada liberdade engendrada por essas próprias mulheres na condução de suas experiências amorosas, ainda que fiéis, e ainda que vigiadas tanto do ponto de vista masculinizante das instituições prisionais quanto do ponto de vista masculinizante dos próprios irmãos do PCC que as namoram e as tomam por companheiras e esposas.

Em boa medida o livro revela que as aspirações dessas mulheres, interlocutoras da autora nos intrincados contextos de realização de uma pesquisa corajosa, devem ser pensadas como formas de desnaturalização da noção corrente de que às mulheres designou-se a esfera da reprodução e aos homens coube a esfera da produção no sentido mais generalizado que o termo possa alcançar (Borneman, 1996; Machado, 2013; Strathern, 2014).

Os leitores perceberão o processo de generificação não somente na observância da moral vigente recalcada num dimorfismo sexual explicitamente revelado aqui, mas nas "coisas", para usarmos uma termo ingoldiano (Ingold, 2012), que ativam o constructo das relações afetivas em situação prisional, pois uma fenomenotécnica generificada é mobilizada na produção de corpos que devem ser mantidos saudáveis, psiquicamente viáveis e emocionalmente dispostos na relação contrastiva com a imagem e o contexto de produção dos corpos em sistemas prisionais brasileiros. E aqui descortina-se uma verdadeira batalha dos sentidos colocada à prova na disciplinarização dos corpos, na insubordinação das hierarquias do gosto, nos cuidados de si e de outrem.

Sabe-se desde uma bibliografia (Marques, 2009; Biondi, 2010 e 2014, entre outros) que o alastramento da socialidade PCC impôs-se em boa medida pelo contraste com as situações de abandono a que esses corpos embrutecidos estiveram submetidos nessas instituições penais, afastando masculinidades de qualquer ética da dignidade. Por sua vez, o "parentesco PCC" e sua eficácia nascem não de um processo naturalizado, posteriormente desnaturalizado nas análises das relações de causa e efeito (Wagner, 2010) convertidas em matrizes de grupos sociologicamente detectáveis (grupos, genealogias, estado paralelo etc), projetando padrões estabilizados aqui e acolá, aliás visão terminantemente recusada na própria fala nativa.

O que parece estar implicado nessa recusa à sujeição e consequente promoção de outra socialidade no contexto aqui etnografado é um novo estatuto e lugar para o agir a partir de outras percepções dos sentidos na superfície dos corpos apenados. Corpo que se impôs em meio a todo um campo feminino adjacente à masculinização do crime que se revela no fluxo do *movimento* PCC. Essa dimensão estética generificada, digamos assim, na qual a participação das mulheres será decisiva na fabricação e manutenção de uma virilidade com saúde, beleza e, sobretudo dignidade humana, parece fundamental para a redefinição, inclusive, das assimetrias de gênero que se espraiam e tornam permeáveis as fronteiras entre o legal e o ilegal.

Não obstante, não e à toa também que muitas controvérsias relacionadas às desavenças entre casais acabem tomando o corpo como um lugar dos castigos e sofrimentos, como poderá ser lido, ora desnutrindo o preso ao sonegar-lhe certos víveres considerados bens de consumo estilizados (não uso a palavra supérfluo porque creio não dar conta de sua potência analítica), sobretudo quando a mulher assume a responsabilidade sobre esse corpo e "mete um louco" à revelia do preso, como se lerá, ora repreendidas fisicamente (raspar-lhes as sobrancelhas como afronta à condição corpórea de feminilidade) por conta de alguma falta grave cometida seja no transcurso das relações, seja em relação à conduta pública diante do *movimento*.

E aí caberiam às mulheres em situação de esposas e namoradas, sobretudo, associadas à lógica da família de cunhadas (na organização das viagens para as penitenciárias, na manutenção das cozinhas coletivas e preparo dos alimentos entregues nos dias de visitas, no regime distributivo de víveres e tarefas diversas), estabelecerem e promoverem tais condições, ou melhor, produzirem tais corpos saudáveis tanto para o exercício dos afetos (relações afetivas na sua expressão erótica propriamente dita), como também na manutenção desses corpos visando o exercício das ações e da ética PCC no interior das prisões. E, mais ainda, na vigilância que elas próprias acabam impondo às condições estatais oferecidas aos apenados, sobretudo no que determina a integridade física e moral aí implicadas, prerrogativa inserida naquilo que Veena Das (1996) define por duplo caráter do sofrimento, resumido por Herzfeld como sendo a capacidade de "moldar os seres humanos em membros morais de uma sociedade ao mesmo tempo [impondo] uma malignidade revelada na dor infringida a indivíduos em nome dos grandes projetos de sociedade" (Herzfeld, *op. cit.*, 274).

Dessa forma, o leitor poderá vislumbrar alguns dos planos desse processo de generificação aí estabelecidos e mesmo que no domínio das relações pessoais o enfrentamento de gênero seja amortizado pelas questões mais naturalizadas que envolvem concepções hierarquizadas ainda vigindo entre homens e mulheres, o que não significa que estas se submetam ou resignem diante desse fato pretensamente naturalizante da assimetria de gênero, a crítica à masculinização do próprio sistema penal oferecida pela costura etnográfica é certamente um dos ganhos analíticos mais notáveis do livro.

As *cunhadas*, ao assegurarem a manutenção física e afetiva desses corpos encarcerados, mitigando o sofrimento em experiências sensoriais contrastivas ao regime do cárcere, colocam em vigia o próprio corpo prisional, dupla face imposta pela condição de cunhadas, cuja autoridade moral, ainda que relativa quando se vê do ponto de vista dos agentes penitenciários, chancela as condições do cumprimento de uma pena mais digna. Sigamos com o outro lado dessa relação, o ponto de vista masculino dos detentos.

***

Preso, termo que pela sua generalidade e acomodação no discurso de senso comum poderia levar a leitura para o epicentro do repertório legal sobre os apenados, é designação nativa que revela para essas mulheres uma das noções que categorizam a condição de marido, companheiro ou filho em situação prisional. *Preso* remeteria, em tese, e mais uma vez aqui, à noção de imobilidade, corpos encarcerados e retirados das ruas, retidos pela justiça e mantidos pelo sistema prisional, produzindo o contraponto com a situação de *cunhada*, aquela a qual deve manter distância e respeito.

E, dessa forma e de um ponto de vista externo, o par *preso – cunhada*, átomo da relação específica entre uma mulher associada afetivamente a um *irmão* detido, revelaria ainda uma forma desdobrada da interdição original que se faz genericamente à condição de *cunhada*, uma vez que o acesso restrito às mulheres e o controle das formas indiscriminadas de afeto observadas a certas mulheres no regime de parentesco se estenderia agora à própria mulher na condição de esposa, mas aqui seria o sistema prisional quem reteria as condições de acesso dos maridos a essas mulheres em situação de apenados. É como se regra de parentesco e pena caminhassem juntas e exprimissem um mesmo regime de interdições.

Mas o leitor precisará se precaver e aí a tessitura etnográfica da escrita de Jacqueline Ferraz de Lima é exemplar ao rechaçar ou antecipar qualquer interpretação equivocada que levaria aos usos indiscriminados dos termos do parentesco legal imiscuídos às categorias de pertencimento dentro do contexto das relações no PCC. Se as relações aí implicadas fossem tomadas pela simples associação entre terminologias (*preso* e *cunhada*), acabaríamos diante de uma espécie de paradoxo categorial onde teríamos os *presos* desposando *cunhadas* a pressupor uma associação indevida ou intuição maliciosa que poderia levar os menos atentos às imagens distorcidas e fantasmagóricas da moral vigente, recalcando ainda mais a suposta vida "desregrada" daqueles que estão em situações de crime. Não obstante, estamos longe dessa configuração ficcional.

Mas não deixa de ser interessante que toda esposa seja potencialmente *cunhada* em variados contextos, mesmo naquele de exercício político dos afetos, uma vez que o gerenciamento da produção do corpo do marido preso, que envolve obviamente a produção dos afetos nas relações horizontalizadas entre elas, é parte da propriedade de *cunhada*. Nesse sentido "quem é dono de quem" pode se tonar uma questão das mais interessantes a ser desvendada pelo livro.

O binômio generificado homem e mulher presente no PCC operará a partir dessas duas categorias, a designação *cunhada* para as mulheres, por um lado, e *irmãos* (ou irmãos e presos, ou ainda ladrões, a depender das condições específicas oferecidas pela etnografia) para os homens, por outro lado. O processo de categorização consiste numa sobregenerificação de relações no interior dos movimentos do PCC que tenta fluidificar, num plano da organização social, não somente os regimes impostos de afetos condicionados pelas políticas prisionais, mas também posicionar as mulheres no interior do movimento não como irmãs propriamente ditas, termo que as associariam imediatamente ao mundo do crime, mas, sobretudo como *cunhadas*, aquelas que seriam as interditas tanto para o jogo livre das relações interpessoais entre irmãos, portanto respeitando a moral vigente do parentesco hegemônico, afinal em cadeias do PCC não se olha para a mulher do próximo, bem como resguardá-las do jogo político dos preconceitos insinuados ou ativados a partir do próprio sistema prisional e seus agentes, que ao tomá-las como associadas ao crime, as impõem toda sorte de constrangimentos. Seriam, portanto, *cunhadas* para os irmãos e *cunhadas* para os agentes prisionais, produzindo com relativa eficácia o respeito e a evitação para dentro e para fora do *movimento* ao mesmo tempo.

Portanto, *cunhada* é o termo que espalhado nas relações entre homens e mulheres e entre presos e esposas, mães e namoradas, garantiria um lugar posicional que denota respeito e distanciamento, sobretudo em relação ao próprio sistema prisional, alvo maior na produção dos distanciamentos e das alteridades promovidos pelo PCC. *Cunhada* para dentro do movimento do PCC revelaria uma condição da moralidade transversal, de resto presente em nossa sociedade, mas para fora, ou seja, para o mundão aqui representado pelo sistema prisional, revelaria ou especificamente generificaria um lugar feminino e espaço de respeito que a instituição masculinizante deve ter em relação à dignidade das mulheres dos presos e por extensão, aos próprios presos renovados a partir de uma masculinidade menos embrutecida pela ética do *proceder* vigindo no interior das cadeias do PCC. Aliás, dimensão que ganha da parte da autora um cuidado analítico que inequivocamente realçará, do ponto de vista feminino, a problemática de gênero ao matizar a noção de *proceder* tomada como esferas do agir, diria propriedades da performance. Se originalmente proceder fora etnografado como atributo ou condição da masculinidade da pessoa do irmão (Marques, 2009), já o ponto de vista feminino permite à autora entrevê-lo como *ato* e estratégia consignada às mulheres.

É claro que essas mulheres na condição de *cunhadas* são colocadas permanentemente sob suspeitas de parte das políticas prisionais e a autora atenta para esse fato ao mostrar algumas das situações humilhantes que são obrigadas a tolerar. As viagens que empreendem visando o dia de visitas, escopo etnográfico central e espinha dorsal do livro, são testemunhos etnográficos das tensões permanentes do livre jogo de ilegalismos secretados pelo sistema legal mais ampliado, submetendo-as aos constrangimentos morais, quando não intimidações físicas (revistas), mas que a despeito da virulência não recuam da posição assumida de *cunhadas*. Podemos tomar *cunhada* como síntese de experimentos e tentativas de expansão do campo das feminilidades para o interior e intersecção com as masculinidades vigentes que vazam por todos os lados e poros dos corpos (biológicos, materiais e situacionais) masculinizantes com os quais têm que lidar e manipular.

Estamos diante de mulheres na condição de *cunhadas* não somente pela força das convenções que se impõem ao regime de "troca de irmãs", mas de uma socialidade instaurada numa associação livre, dinâmica, plástica em suas acomodações táticas diante de um sistema penal que se interpõe às relações de afeto. E se é necessário, por um lado, a "compreensão dos arranjos por meio dos quais as pessoas vivem juntas, não como baseados numa organização voluntária de afeto e proteção, mas como respostas aos poderes reguladores da 'sociedade'", por outro isso só poderia ser observado em contextos onde "mesmo na burocracia aparentemente mais repressiva, alguns atores sociais podem estar prestes a romper com o emaranhado do atordoamento classificatório com o qual indivíduos menos afáveis tentam servi-los às custas dos outros" (Herzfeld, 2014: 271).

Cunhadismo se revela como associação propriamente política cujas implicações em torno da produção dos corpos sãos dos "irmãos", repito, termo que designa aqueles que se associam sob a rubrica PCC, se processam num regime negociado de afetividades entre homens e mulheres e negociado, sobretudo, com as instituições prisionais que detêm as prerrogativas das interdições legais e acesso às relações interpessoais afetivas.

Sem querer antecipar ainda mais o sabor da leitura, aqueles que logo mais se entregarem ao texto encontrarão etnografadas as manipulações de certos itens fundamentais presentes nos dias de visitação, exemplos de torções generificadas que evidenciam ainda mais a importância política das *cunhadas*. Os subtantivos feminino "comida" e o masculino "jumbo", apelido para as marmitas superdimensionadas levadas para cada preso (há aí uma implicação monogâmica estrita na distribuição desses jumbos), são metaforicamente invertidos na ordem simbólica dos discursos para se contraporem ou embaralharem o regime masculinizante e impositivo de negociação com as instituições prisionais. "Comida" seria item de primeira necessidade a manter o preso, tomada sob a ótica da instituição como gênero de primeira necessidade e subsistência; "jumbo", concessão tolerada, mas que acaba quase sempre objeto de negociação com a instituição, de propriedade das cunhadas que produz, monta e o gerencia, conteria itens que visam agradar aos presos e tornar a permanência na cadeia menos supliciante.

Portanto, a feminilização ou masculinização da "comida" e dos "jumbos" podem ser notados como táticas de produção de uma *outra* masculinidade que potencialmente colocaria obstáculos ao regime penitenciário de expiação dos crimes. O embrutecimento como pedagogia (comer qualquer comida ou a comida mal preparada nas penitenciárias) se apresenta como arrimo moral masculinizante da suposta recuperação do apenado aos olhos dos agentes penitenciários (e parte do senso comum que crê no desperdício social que são as cadeias). Já as cunhadas, partícipes ativas nessa negociação, aparecem como agentes fundamentais na generificação (feminilização, masculinização) como mecanismo simbólico e político no preparo e elaboração de "comidas" e "jumbos" criativos, mais saborosos no intuito de proverem os presos diante das supostas prerrogativas masculinizantes impregnadas no cumprimento das penas.

***

Resta uma última observação que, mesmo formulada de modo caricatural, poderia contribuir para a discussão no contexto de alguma antropologia das emoções. A aparente submissão dessas mulheres e os sofrimentos dispendidos estariam amparados no fato de que amam cegamente seus companheiros? Menos especular sobre essa dimensão movediça, onde cada uma elabora seus cálculos pessoais na escolha das relações amorosas que travam com esses irmãos, cabe à autora aclarar as condições que tais amores são viabilizados nesse regime de socialidade.

A centralidade da posição de *cunhadas*, mais do que o termo cônjuge (esposa) possa suportar, e aí sim uma teoria da aliança é fortemente recolocada, parece assegurar às mulheres um lugar de respeito e autoridade dentro desse arranjo por onde viceja uma peculiar prática amorosa. A produção dos corpos *sãos* dos presos por parte das mulheres é um processo constitutivo que ampara e maximiza os sentimentos, pois antes da prisão, no mundão, a conduta do marido se dava de um jeito, agora seria outra na situação de apenado, ou ainda a percepção sobre as relações sexuais mudaria e há aqueles e aquelas que dizem que as relações de intimidade teriam melhorado nessas condições de privação. Enfim, realocar os sentimentos dentro desse novo regime que é o *evento-prisão* parece justificar parte da caminhada pessoal e familiar.

O sacrifício da reclusão e a mobilização familiar dentro do *continuum* espacial casa-prisão supõe que tais famílias são constituídas plurilocalmente, ou seja, podem ser concebidas como matri e patri focais, outro aspecto que nos leva a crer que não estamos diante de papéis e condutas categoricamente estabelecidas entre gêneros estanques. E tais sacrifícios não visam tão somente libertar o preso, anseios orientados pelos interesses pessoais e pelas emoções, mas também projetar as relacionalidades para fora do regime prisional. Fiéis aos maridos porque fiéis à caminhada, esta parece pavimentar e divisar os limites da fidelidade amorosa como regra do "parentesco PCC", reposicionando as relações afetivas dentro do *evento-prisão*, portanto um movimento que parte da socialidade para os sentimentos, e não somente dos sentimentos pessoais para a socialidade.

E a inconteste submissão, em princípio condicionada à fidelidade como índice de aferição do caráter dessas mulheres em relação a si mesmas como *cunhadas* é desvelada pelo livro como insubmissão, um evento-insubmisso mais do que um dado cristalino da assimetria de gênero. Administrar uma evidente desigualdade entre os gêneros, seja em casa ou nos contextos prisionais, permite a essas mulheres acessarem o campo das feminilidades de uma perspectiva renovada de afirmação na política de gêneros.

Referências bibliográficas

BIONDI, Karina. *Junto e Misturado: uma etnografia do PCC*. São Paulo: EditoraTerceiro Nome, 2010.

_____. *Etnografia do movimento: território, hierarquia e lei no PCC*. Tese de doutorado – PPGAS-UFSCar, 2014.

BORNEMAN, John. "Until death do us part: marriage/death in anthropological discourse". *American Ethnologist*, nº 2, vol. 23, p. 215-235, maio 1996.

DAS, Veena. "Language and body in the construction of pain". *Daedalus*, nº 1, vol. 125, p 67-93, 1996.

_____. Fronteira, violência e o trabalho do tempo: alguns temas wittgeinsteinianos. *Revista Brasileira de Ciências Sociais*, vol. 14, nº 40, 1999.

FELTRAN, Gabriel. *Fronteiras em tensão: política e violência nas periferias de São Paulo*. São Paulo: Editora Unesp, CEM-Cebrap, 2011.

HERZFELD, Michel. "Sentimentos e disciplinas"; "Sentidos". In: *Antropologia. Prática teórica na cultura e na sociedade*. Petrópolis: Vozes, 2014 [2001].

INGOLD, Tim. "Trazendo as coisas de volta à vida: emaranhados criativos num mundo de materiais". *Horizontes Antropológicos*, Porto Alegre, ano 18, nº 37, p 25-44, jan.-jun. 2012.

MACHADO, Igor José de Renó. *A antropologia de Schneider. Pequena introdução*. São Carlos: EdUFSCar, 2013.

MARQUES, Adalton. *Crime, proceder, convívio-seguro. Um experimento antropológico a partir de relações entre ladrões*. Dissertação de mestrado em Antropologia Social – FFLCH-USP, 2009.

STRATHERN, Marilyn. "Sujeito ou objeto? As mulheres e a circulação de bens de valor nas terras altas da Nova Guiné"; "Partes e todos: reconfigurando relações". In: *O efeito etnográfico*. São Paulo: CosacNaify, 2014.

WAGNER, Roy. "O xadrez do parentesco e o parentesco do xadrez". *Ilha Revista de Antropologia*, nº 1, 2, vol. 12, p. 16-37, jan. 2010.

Ismene
Pobre infeliz! Enches-me de medo.

Antígona
Não temas por mim. Cuida de tua própria sorte.

Ismene
Pelo menos não revele a ninguém
teus propósitos, age em segredo, também eu me calarei.

Antígona
Fala, peço-te! Muito mais odiosa me serás
calada. Declara tudo a todos.

Ismene
De fogo é teu coração em atos que me gelam.

Antígona
Mas sei agradar aos que mais que tudo devo agradar.

(Sófocles, 2011: 12)

Introdução

Jantávamos na habitual lanchonete com vistas para uma conhecida rodovia que corta o interior paulista. Ali era uma parada usual do ônibus procedente do dia de visitas nas penitenciárias de Cerejeira rumo à cidade de São Paulo.[1] Aliás, muitos outros ônibus também provenientes de instituições penais usualmente paravam naquele local. Em companhia das mulheres que haviam visitado seus maridos presos nos estabelecimentos prisionais de Cerejeira naquele domingo, apreciava meu primeiro prato de comida desde sexta-feira na hora do almoço, momentos antes de sair da cidade de São Carlos ao encontro das *cunhadas* na capital do estado de São Paulo.

Cunhada é o termo como se denominavam as interlocutoras desta etnografia. Mulheres assim conhecidas por estabelecerem vínculos afetivos com homens relacionados ao Primeiro Comando da Capital (o PCC), presos

---

1 De modo a preservar as interlocutoras desta pesquisa, o nome da cidade em que se localizavam as penitenciárias e de todas as pessoas que aparecem no decorrer do texto são fictícios.

ou não.² Namoradas, noivas, companheiras ou esposas. Independentemente da denominação que se dava à relação amorosa com os homens do PCC, as mulheres eram conhecidas e se reconheciam como *cunhadas*. Importante dizer que nenhuma relação de aliança baseada em consanguinidade prescrevia essa nomeação. Ainda que indiscutivelmente sua germinação se proliferasse nesse solo referencial, afinal, era em decorrência de os membros batizados do PCC serem denominados *irmãos* que suas mulheres eram nomeadas *cunhadas*. Todavia, a intensa convivência com as *cunhadas* evidenciou que igualmente eram assim chamadas as mulheres dos *companheiros*. A saber, homens relacionados ao PCC não batizados.

Dados esses primeiros esclarecimentos, especifico que as interlocutoras desta pesquisa eram *cunhadas* que, de fevereiro a maio de 2012, visitavam seus maridos presos nas penitenciárias I e II da cidade de Cerejeira, localizada no oeste paulista. Estes complexos penitenciários eram majoritariamente compostos por presos do PCC ou do *Comando*,³ como algumas

2   Prevalece a definição de que o Primeiro Comando da Capital é uma coletividade que nasce em 1993 como um projeto de organização dos presos fortemente influenciados pelo episódio conhecido como "massacre do Carandiru" (ocorrido em 1992 que marca a execução de 111 presos, dos quais mais da metade não havia sido condenados pela justiça). Além disso, os presos reivindicavam as péssimas condições sanitárias das penitenciárias brasileiras e o encarceramento em massa. Com o passar dos anos, a coletividade extrapola as muralhas penitenciárias. Para abordagens sobre o PCC conferir, sobretudo, Biondi (2006, 2010), Marques (2006, 2009, 2010), Feltran (2008, 2010a), Hirata (2010) e Malvasi (2012).

3   O termo *Comando*, do modo como elucidado pelas mulheres, em geral, fazia referência à coletividade carcerária vinculada ao PCC com atuação específica dentro das cadeias que realizavam as visitas. Biondi (2010) mostra que as referências ao PCC como algo transcendente atravessou a sua pesquisa por diversas vezes. Para dar conta dessa questão a autora propõe "uma torção do conceito de transcendência" (: 194) – transcendência entendida como o conceito durkheimiano de sociedade (Durkheim, 2000) – e ancorada nas influências de Deleuze e Guatarri (1995: 31-2) – da existência de rizomas em raízes e de formações arborescentes em rizomas, o que segundo os autores não se oporiam como dois modelos – Biondi sugere "a possibilidade de existência da transcendência na imanência" (: 195). O

vezes as mulheres preferiam se referir. Foram igualmente interlocutoras desta pesquisa, *cunhadas* de um bairro da zona sul da cidade de São Paulo que visitavam seus maridos, no período de janeiro a maio de 2012, em diferentes estabelecimentos penais "favoráveis" (outra maneira como as mulheres se referiam à presença do PCC nas cadeias) localizados no interior paulista. Estas mulheres se conheciam "da porta da cadeia", como era lembrado, e se tornaram próximas, sobretudo por serem vizinhas de bairro (ou, como diziam, "da mesma quebrada"). Com estas *cunhadas*, que me foram apresentadas pela amiga e antropóloga Karina Biondi, o contato foi estabelecido por telefone, internet e encontros intermitentes. Ainda colaboraram com este trabalho, também através de encontros intermitentes desde 2009, *cunhadas* moradoras da zona leste da cidade de São Paulo e da grande São Paulo que, do mesmo modo, visitavam seus maridos em complexos penitenciários "favoráveis". Estas mulheres são familiares de amigos pessoais que, generosamente, viabilizaram o contato.

Dizer que era meu primeiro prato de comida não foi nenhuma reclamação. Foi só uma memória mesmo. Terminamos de jantar e calmamente caminhamos até a fila para acertar nossas comandas. Depois de realizada a visita ao *preso*, como havia acontecido naquela manhã de domingo e no dia anterior, as ações das *cunhadas* dispensavam qualquer vestígio de pressa. *Preso*, grafado em itálico, corresponde ao modo como frequentemente as *cunhadas* referiam-se aos próprios maridos ou ao marido de uma *cunhada* em particular. Assim, de modo a discernir do uso generalizado da terminologia [preso], no decorrer desta etnografia a menção aos maridos das *cunhadas* se fará com o termo em itálico. Pelo mesmo motivo, *ladrão* será assim grafado quando a intenção for ressaltar o vínculo particular do apenado com uma *cunhada*.

Sentamos próximas ao ônibus até que todas as passageiras deixassem a lanchonete. Em grupos separados, as mulheres, visivelmente exaustas,

---

que quer dizer ser possível entender o PCC como capaz de produzir "disposições" operando independentemente, porém, mediante a existência dos participantes que o produzem.

conversavam sobre assuntos diversos: visita aos *presos*, trabalho na manhã seguinte, filhos, compromissos com a faculdade, dietas, entre muitos outros assuntos. Eu ouvia atentamente uma das *cunhadas* narrar alguns acontecimentos vividos na época em que visitava o *preso* no Carandiru.[4] A *guia* também ouvia a história com bastante atenção, não sem lembrar que tinha apenas nove anos de idade no ano de desativação do presídio.

Guia era o nome que se atribuía a uma função. Uma função ocupada por *cunhadas* que viajavam para visitar seus maridos presos nos complexos penitenciários. Todos os destinos prisionais tinham, ao menos, uma *guia* no ônibus a ocupar a função e não era incomum sua substituição. A qualquer momento a função de *guia* poderia ser ocupada por outra *cunhada* em virtude das constantes transferências dos apenados, por exemplo. Ao mudarem de destino penal para visitarem seus maridos, as mulheres não carregavam consigo a função de *guia*.

Genericamente, dizia-se que as *guias* eram responsáveis pela organização das viagens para o dia de visita. E de fato eram. Entretanto, claramente via-se que o desempenho das mulheres a quem se atribuía a função não se encerrava na organização das viagens. Entre suas responsabilidades, as *guias* anotavam em seus famosos "caderninhos" a ordem de chegada das visitas no ponto de encontro em São Paulo. Listagem que posteriormente (na hora da chamada na porta da prisão, também executada pela *guia*) definia a ordem da fila de entrada nos estabelecimentos penais. Nas penitenciárias de Cerejeira eram proibidas as distribuições de senhas que recorrentemente dizia-se organizar as filas nos demais presídios do estado de São Paulo. Muitas vezes as *cunhadas* elucidavam com desânimo essa distinção proveniente do modo singular como os estabelecimentos penais conduziam suas regulamentações.

Ainda era papel da *guia* "orientar as visitas". Dúvidas sobre a documentação exigida pela instituição prisional ou sobre as vestimentas, os alimentos e os demais produtos cuja entrada era permitida nas penitenciárias,

---

4   A Casa de Detenção do Carandiru chegou a ser considerada o maior presídio da América Latina. Localizada na cidade de São Paulo, foi desativada no ano de 2002.

eram frequentemente dirimidas pelas *guias*. O trajeto do ônibus, o controle do tempo nas interrupções das viagens, a contagem das passageiras a cada parada, o "bem-estar" das visitantes, eram também de responsabilidade das *guias*. Além do mais, somente as *guias* podiam mexer nos bagageiros dos ônibus. As mulheres a quem se atribuía a função, organizavam todos os *jumbos* e as malas das visitas nos espaços determinados e nada podia ser amassado.[5]

A função de *guia* era atribuída às mulheres pelos presos "do Comando", contudo, não sem o consentimento da *cunhada* e de seu marido, como uma interlocutora certa vez esclareceu:

> Os irmãos chegaram no meu marido e perguntaram se eu não aceitava ser guia. Acho que porque eu já vinha toda semana, nunca tive nenhum problema com as visitas. Aí meu marido perguntou o que eu achava. Porque é uma responsa, né?

As *guias* eram as referências dos apenados que desejavam saber acerca das sucessões de acontecimentos nas viagens aos presídios. Sobretudo aos apenados que compunham a "sintonia do ônibus", como diziam as mulheres, os responsáveis pelo "bem-estar da família na estrada". Do mesmo modo, as *guias* eram referências às visitas no que dizia respeito aos comunicados dos presos direcionados aos familiares visitantes. Dentre as atribuições das *guias*, então, evidenciava-se também a mediação entre as visitas e os apenados.

Diante de tantas atribuições, não nos causaria nenhum espanto em saber que as *guias* deveriam estar presentes todos os finais de semana na visita mesmo quando impedidas de visitar o marido, em ocasiões como as que "o preso tá no pote" [de castigo], por exemplo.

A despeito de todas essas atribuições, a função de *guia* e suas "responsas", não conferiam às mulheres qualquer autoridade ou domínio sobre

---

5 *Jumbo* refere-se aos alimentos, aos produtos de higiene pessoal e limpeza (entre outras coisas), dispostos em uma grande sacola plástica, geralmente transparente, destinada ao apenado. Retornarei mais detidamente ao *jumbo* adiante.

as outras visitas. Muito pelo contrário, as *guias* permanentemente deviam lembrar às visitantes que todas, inclusive elas, "estão no mesmo barco", "que ninguém é melhor do que ninguém" e que todas as visitas "são de igual". Cuidavam, portanto, de inviabilizar o surgimento de relações assimétricas de poder entre as mulheres que visitavam seus entes presos.

Mentalmente, eu ainda fazia as contas a fim de saber a idade da *guia* quando uma mulher que não era passageira do nosso ônibus aproximou-se e perguntou se estávamos indo para a cidade de São Paulo. Mediante a resposta afirmativa da *guia*, a mulher disse que sua excursão a havia esquecido na parada do ônibus e pediu uma carona. As mulheres olharam-se e, depois de alguns instantes de completo silêncio, uma *cunhada* disse à *guia*: "tá no seu peito. Decide aí". A *guia* esperou até que todas as passageiras saíssem da lanchonete e voltassem ao ônibus e, antes de consentir a carona à mulher de outra excursão, expôs a "situação" [no caso, o pedido de carona] para todas as visitas. Ninguém se opôs em levar a mulher à capital, mas ressaltaram a inexistência de assentos vazios no ônibus. A mulher não se incomodou. Em pé no fundo do ônibus, com uma pequena mala e vestida de vermelho, conversava alto com algumas *cunhadas*. Até podíamos ouvi-las da frente.

A prosa estava animada. Falavam muito alto, davam muitas risadas, até que uma *cunhada*, que não estava na conversa, interferiu: "peraí, que história é essa que você é do Habanero? Você é da minha quebrada que eu te conheço. Tá mentindo, por quê?". A mulher de vermelho, até aquele momento desconhecida, ficou pálida e muda. Passou a ser questionada por várias *cunhadas* ao mesmo tempo, a ponto de não mais ser possível discernir o que falavam no fundo do ônibus. A *guia* foi chamada e logo veio à tona que a mulher visitava o marido em "cadeia desfavorável", o que significava dizer que para as *cunhadas* seu marido era considerado *coisa*[6] pelo PCC. "ELA É COISA", gritaram do fundo do ônibus. A mulher foi levada, por empurrões e pontapés, até a saída do ônibus.

---

6   Assim eram denominados os apenados que cumpriam pena em estabelecimentos penais de população carcerária não relacionada ao PCC. Adiante analisarei mais detidamente.

Assim que atravessou a porta que nos separava do motorista, trancou-a visando se proteger. As *cunhadas* gritavam para o motorista parar o ônibus e "ATIRA A COISA PRA FORA", berravam. Outras passageiras diziam que era inaceitável viajar com uma mulher que "fecha com estuprador", como muitas vezes eram definidos os presos chamados de *coisa*. Algumas gritavam que decerto a mulher havia sido paga pra queimar o ônibus com a gente dentro. Outras ainda lembravam que os presos se aborreceriam pela carona prestada à "coisa". Uma *cunhada* grávida de oito meses chutava a porta que nos separava da mulher-*coisa* ao mesmo tempo em que gritava para o motorista: "JOGA A COISA NA ESTRADA". Eu observava tudo aquilo praticamente imóvel. Uma senhora no primeiro banco, claramente religiosa, soltou seus longos cabelos lisos e negros, e passou a rezar alto com os olhos fechados. O som da oração misturava-se às vozes de algumas crianças que também se manifestavam: "aqui é comando! Joga essa coisa na estrada". As *cunhadas* passaram a cobrar uma atitude efetiva da *guia* que pediu silêncio e, seriamente, disse ao motorista: "para já esse ônibus pra essa mulher descer. Senão, quem vai segurar o B.O. da presença dela aqui é você". Imediatamente o motorista parou e a mulher-*coisa* desceu do ônibus. Não sabíamos exatamente onde, só sabíamos que a estrada estava completamente deserta e escura.

Até que chegássemos a São Paulo não houve outro assunto dentro do ônibus. Todo o cansaço que, em geral, abatia as mulheres no retorno da visita aos seus maridos havia se esvaído. As passageiras estavam em pé, falando alto, especulando o que os apenados diriam sobre o acontecimento. Desejavam imediatamente dar-lhes a notícia, mas as penitenciárias em Cerejeira estavam "fora do ar". Isto quer dizer que, durante o tempo em que realizei trabalho de campo, os presos destes estabelecimentos penais não possuíam celulares e, sendo assim, as *cunhadas* teriam que aguardar que suas correspondências postais chegassem aos apenados para que tomassem conhecimento do ocorrido.

A *guia* manifestava uma clara preocupação por ter deixado a mulher entrar no ônibus e não cessava em refletir sobre seu dilema:

Acho que fui muito burra de deixar a mulher me enganar desse jeito. Essa conversa de que tinham esquecido ela... Uma guia do comando nunca ia esquecer alguém na parada. Mas, por outro lado, se tivessem mesmo esquecido a mulher e, sabendo disso, eu deixasse ela na parada, iam dizer que eu abandonei a cunhada.

De modo geral, estavam todas muito exaltadas dentro do ônibus. Especulavam sobre os possíveis desdobramentos do acontecido. Até mesmo a senhora que rezava no fervor do tumulto expressou seu medo em "sobrar um cadáver. E aí? Quem segura um homicídio?". Após um extenso instante de silêncio depois do comentário da senhora, uma *cunhada* deixou claro: "eu não posso. Se eu for presa quem visita o meu marido?". "É isso mesmo. Tinha que ser alguém que não visita", ressaltou outra mulher que sucessivamente olhou para a moça que não visitava, mas viajava vendendo alimentos e bebidas para as passageiras, e continuou: "tu ia segurar o B.O., porque ela [apontou para mim] tem que ficar na rua pra poder escrever o que aconteceu aqui".

É no deslocar dos pontos de vistas enunciados pelas *cunhadas* sobre a noção de família que se dará a composição desta etnografia. A referência à enunciação baseia-se nas formulações de Austin (1961) que sugere a diferença entre enunciações perlocutórias e ilocutórias. "As enunciações perlocutórias são aquelas que produzem consequências como efeito do que foi enunciado, sendo portanto a enunciação e seu efeito temporalmente distintos", retoma Morawska Vianna (2014: 209-10) acerca das considerações do autor. A autora continua, "enunciações ilocutórias, por sua vez, são aquelas cujos efeitos se realizam no momento da enunciação". Estas considerações são também retomadas por Butler (1997: 45), a fim de explicar a "força da performatividade" indissociável às abordagens que visam enfatizar a variação em detrimento ao padrão (Morawska Vianna, 2010: 56-7, nota 13). Dessa forma, inspirada nessas elucidações, esta pesquisa busca privilegiar a força performativa das enunciações das *cunhadas*, antes do que considerar padrões ou estruturas de significado. Para tanto, de modo a conduzir esta etnografia com clareza, em primeiro lugar foi favorecido o ponto de vista das *cunhadas* sobre o ponto de vista do corpo funcional dos complexos penitenciários no que diz respeito ao termo família. Em segundo lugar, foi beneficiado o ponto de vista das *cunhadas* sobre o ponto de vista dos apenados. E, por último, foi privilegiado o ponto de vista das próprias *cunhadas* acerca da noção de família.

Ser-*família*, ter-*família*, *família*-sagrada, *família*-imperfectiva, *família*-manutenção, *família*-completa e *família* como sinônimo de visita. Foram estes os variados sentidos conferidos à noção conforme os enunciados das *cunhadas*, efeitos dos deslocamentos de seus pontos de vistas, como veremos detalhadamente nas linhas à frente.

Houve ainda quem atribuísse uma equivalência de sentido à família e ao PCC, o que não será abordado com afinco neste momento: "Mas como é esse negócio de grupo de pesquisa? Tem gente que estuda os coisa? Aqui somos uma família, o Comando é uma família. Muito diferente dos coisa", disse-me uma *cunhada* durante uma conversa em que eu contava como era o meu trabalho na universidade.

A associação desse comentário aos diferentes sentidos atribuídos ao termo família pelas colaboradoras de pesquisa enseja o argumento de que para a compreensão das *famílias* das *cunhadas* seria um tanto inadequado partir de abordagens que de antemão as agrupassem em uma classe social específica, as conferissem alguma determinação racial, ou qualquer espécie de sobreposição analítica. As mulheres com quem convivi durante a pesquisa de campo exalavam diferenças por todos os poros. Ainda que eu desconheça os critérios rígidos de definição de estratificação social ou raça, exatamente por considerar a grande dificuldade em homogeneizar realidades singularmente experienciadas, eleger uma única classe ou raça que respondesse às famílias das *cunhadas* desde o início estava fora das intenções desta pesquisa. Decerto, seria uma tarefa irrealizável sem que se abrissem brechas por todos os lados por onde pudessem escapar as variações que fortemente se manifestavam entre as mulheres que visitavam seus maridos em cadeias do PCC.

Tampouco seria viável compreender as *famílias* das *cunhadas* mediante a precedência de consanguinidade. Antes disso, poder-se-ia dizer que as *famílias* das *cunhadas* brotam de um "adensamento de relações", como sugere Marques (2002) acerca da constante definição e redefinição de pertencimento, das segmentações e das descontinuidades que fabricam "família" no Sertão de Pernambuco. Para a compreensão do que se diz quando se diz "família" entre os sertanejos, seria possível dizer que a autora aposta na etnografia. O mesmo pode-se apreender dos "processos de familiarização e desfamiliarização", elaborados por Comerford (2003) na Zona da Mata mineira, face ao "movimento" implicado nas "fronteiras de pertencimento" de uma "família". Assim como das considerações de Villela (2009) que, como efeito de sua aposta na etnografia, ressalta a pluralidade de sentidos atribuídos à noção em seu contexto de pesquisa, também no Sertão pernambucano. "Família é o sobrenome", "família é a linhagem", "família é a casa", nos diz o autor. Dessa forma, mediante o desejo em compreender as *famílias* das *cunhadas*, inspiro-me nas apostas desses autores, em seus esforços analíticos impecavelmente comprometidos com a etnografia.

Face a esse objetivo, sugiro que as linhas subsequentes traduzem o empenho de construção de uma imagem. Em outras palavras, as linhas que se seguem exprimem a tentativa de estabilizar, analiticamente, alguns dos efeitos decorrentes do meu encontro com as *cunhadas*. Trata-se, portanto, da elaboração de uma imagem produzida pela intensa convivência com as *cunhadas*, antes do que da efetivação de um projeto que se pretendia aclarar determinado modo de pensar. Pode-se dizer que estes investimentos se fazem não sem o estímulo das considerações de Strathern (2004 [1991]) que, como recupera Morawska Vianna (2010), apontam para as "extensões do próprio corpo do analista, através das quais se observa sua matéria de investigação". Morawska Vianna ressalta a germinação de seu esforço analítico através da articulação das visões de seus interlocutores e das formulações teóricas da comunidade científica, "ambos conexões parciais de modelos tidos como totais" (: 22).

Com base na proposta de fazer desta etnografia uma imagem, a partir da estabilização analítica de alguns efeitos de meu encontro com as *cunhadas*, optei pela escrita no pretérito imperfeito, como certamente já se pôde notar. A experiência da pesquisa de campo, a maneira como minha existência se combinou às das *cunhadas*, a comunicação que criamos para que pudéssemos nos entender da melhor forma possível, tornou impraticável a tarefa de escrever no tempo presente. Assim, antes de sugerir qualquer legitimidade sobre o contexto estudado, como tive a sensação de fazer quando iniciei a escrita no presente, ainda que sob a justificativa da "autoridade etnográfica" (cf. Clifford, 2008 [1994]), proponho outro exercício ao leitor: o transporte ao momento da ocorrência dos fatos ou, quem sabe, um prolongamento dos acontecimentos passados em direção ao momento presente. A intenção é não encerrar as ações das *cunhadas* no passado ao mesmo tempo em que não se pode ter certeza de suas realizações no futuro. Por isso a escolha pelo pretérito-imperfeito e não pelo presente ou por outro tempo pretérito, como o perfeito que localiza uma ação no tempo ou marca um ponto no passado. Ou mesmo o mais que perfeito, que indica um momento anterior a um passado igualmente acabado.

Nesse sentido, movida pelos efeitos de um, digamos, encontro--etnográfico (quer dizer, do que pude apreender e sou capaz de liberar da intensa convivência com as *cunhadas* através de uma descrição no pretérito imperfeito), por meio da ênfase nas variações que se apresentavam nos enunciados das mulheres que experimentavam o evento-prisão,[7] apresento, no deslocar de seus pontos de vistas sobre a noção de família, uma etnografia sobre o *amor*. Uma etnografia acerca de mulheres *fiéis* e insubmissas. Mulheres que valorizavam e eram reconhecidas por enfrentarem os *sacrifícios*, conhecerem a *disciplina* e terem *proceder*. Mulheres que assinalavam um ambiente ético que se manifestava como um solo referencial para a produção de *moral*. Aliás, mais do que isso, para a produção de um pluriverso *moral*. Mulheres que gostavam do *preso*, as mulheres dos caras, mu-

---

7 Chamo de evento-prisão ou evento-cadeia o encontro entre mulher, preso e cadeia e os efeitos produzidos por este e neste encontro.

lheres que gostavam do *ladrão*. Mulheres *fiéis* produzidas contrastivamente à existência de mulheres *talaricas*, *recalcadas*, mulheres que gostavam de cadeia, de ladrão, do crime.[8]

Pesquisa de campo

Pesquisadora, professora, escritora, assistente social, jornalista, estudante. Era assim que as mulheres definiam minha profissão a despeito de qualquer insistência em dizer que eu fazia antropologia. Tarefa da qual abdiquei após ouvir a explicação de uma mulher sobre o que era ser antropóloga: "sabe aquilo que cuida dos pés? Então, ela faz isso. Mas ao invés de cuidar dos pés, ela escreve sobre família de preso". A explicação em nada me soava diferente de milhares de formulações absurdas que a todo momento eu tecia sobre o que elas me diziam e explicavam sobre suas experiências de vida. Assim, não mais insisti em dizer que era antropóloga. Ainda que tivesse grande prazer em conversar sobre antropologia com as mulheres que se diziam interessadas no assunto.

Como já mencionado, durante os meses de fevereiro a maio do ano de 2012, viajei junto às *cunhadas* e outros familiares de presos para o dia de visitas nas penitenciárias de Cerejeira, cidade localizada no interior do estado de São Paulo. Essas viagens foram viabilizadas por Isadora, querida amiga dos tempos de cursinho pré-vestibular. Tempos em que, segundo ela, o *preso* não era preso e eu lavava sua marmita interessada em um de seus amigos do cursinho. Era assim que Isadora me apresentava às *cunhadas*, com agradável humor que logo deixava o clima descontraído e aprazível, como todos os momentos em sua companhia.

No período em que realizei trabalho de campo para a pesquisa de mestrado, havia três anos que o namorado de Isadora cumpria pena na

---

8 Um esforço sociológico a respeito de familiares de presos foi produzido por Buoro (1998). A autora buscou entender como os Direitos Humanos eram sentidos pelas visitantes dos apenados.

penitenciária II de Cerejeira. Isadora sugeriu que eu a acompanhasse em uma das viagens para o dia de visita.

Inicialmente sua intenção era me apresentar às *cunhadas* para ampliar meus contatos de pesquisa que, até aquele momento, baseavam-se em encontros intermitentes, ligações diárias e "bate-papos" na internet com *cunhadas* moradoras das zonas sul, leste e da grande São Paulo. Isadora, então, conversou com as *cunhadas* que lhe eram mais próximas, com as *guias* do ônibus para Cerejeira e a aprovação foi concedida. Nas palavras das *cunhadas*, o "aval" para a viagem estava dado.

Na primeira viagem eu era a "amiga da Isadora". Ainda que todas as apresentações deixassem claras minhas intenções de pesquisa, as referências na unanimidade dos casos se faziam em associação à Isadora. Assim como as visitantes, paguei a passagem do ônibus. Visto que o trajeto São Paulo/Cerejeira, exclusivamente para o dia de visita nas penitenciárias, era realizado pela LinhaTur (empresa de Nicole e família).

Fiquei na pousada do centro da cidade com Isadora e sua sogra, querida dona Alice que tanto cuidou de mim em campo. Diferentemente da maioria das visitas que se hospedavam na pousada também propriedade de Nicole, ligeiramente afastada do centro. Além destas duas pousadas, havia outras duas em que as mulheres da cidade de São Paulo hospedavam-se. Na época, a minoria delas.

Em minha primeira viagem, ao chegarmos à cidade às cinco horas da manhã, o proprietário da pensão já aguardava as mulheres que, com antecedência, haviam reservado um quarto. A mesa do café estava posta, mas as visitas quase não conseguiram tocá-la. Em trinta minutos o ônibus de Nicole passaria para levá-las ao estabelecimento prisional. Dessa maneira, apressaram-se para o banho. Enquanto esperava, juntamente com dona Alice e as crianças presentes, tomava café no salão da pousada. Logo o ônibus chegou.

Naquela manhã de sábado, permaneci no ônibus com as mulheres até que os portões das penitenciárias fossem abertos. Assim que as mulheres entraram, voltei à pousada e passei o dia com *cunhadas* que só visitariam no domingo. Fomos ao mercado, cozinhamos para os *presos* e antes das cinco da tarde as visitas já estavam de volta. Por alguns minutos, permaneci no quarto com Isadora, que me contava sobre sua visita ao Vitor (também um querido amigo). As mulheres que ainda não me conheciam, mas que já sabiam de minha existência, não paravam de bater na porta a fim de saber quem eu era e o que fazia por lá. Outras, com que havia trocado algumas palavras, batiam para dizer que eu poderia entrevistá-las se quisesse. Isadora, então, sugeriu que eu aproveitasse a disposição das mulheres para conversar sobre a pesquisa.

Passei cerca de três horas com *cunhadas* que, ao passar das semanas, tornaram-se importantes colaboradoras do trabalho. Às nove da noite, como previamente combinado, o ônibus de Nicole passou para levar as mulheres para a fila da visita do dia seguinte. Minha presença causou bastante estranheza. Algumas mulheres me qualificaram como "louca", ressaltaram que era uma loucura passar por tudo aquilo por causa de uma pesquisa. "Você pode dormir na pensão e fazer sua pesquisa amanhã de manhã, boba!", disse-me uma *cunhada*. Antes que eu sequer pensasse em um argumento, Isadora respondeu: "ela não quer saber o que é a família do preso? Não quer saber o que a gente passa? Então vai viver juntinho, vai sofrer com a gente, pra não falar besteira". Voltou-se a mim e continuou: "vai, carrega o jumbo do preso". Todas riram e na semana seguinte não mais estranharam a minha presença na noite do sábado para o domingo na porta da cadeia. Inclusive, quando perguntaram por que eu passaria a noite "na porta", uma *cunhada* cuidou de responder: "ela quer passar o que a gente passa pra escrever direito como é".

Na manhã de domingo, após as visitas entrarem na cadeia, fui com algumas *cunhadas* (que naquele final de semana só visitaram no sábado) para a pousada de Nicole. Foi meu primeiro contato com Nicole que, de imediato e com muita generosidade, colocou-se à disposição em ajudar com a pesquisa. E, de fato, ajudou imensuravelmente. Nicole consentiu que eu viajasse todos os finais de semana para Cerejeira sem pagar as passagens. Em troca, eu auxiliava nas vendas de bebidas e comidas para as visitantes no ônibus e na porta da cadeia. Até o mês de maio, viajei com as *cunhadas* todos os finais de semana e encontrava Isadora uma vez por mês. De "amiga da Isadora" logo passei a pesquisadora, professora, escritora, assistente social, jornalista e estudante. Ou simplesmente "Jacque", como a maioria das *cunhadas* optou em me chamar. A cada nova interlocutora que estabelecia contato, era necessário descrever Isadora a fim de explicar quem havia me levado para Cerejeira. Muitas das *cunhadas* que fortemente colaboraram com essa pesquisa não a conheciam. E vice-versa.

Por último, e a título de esclarecimento, acentuo que nenhuma fala transcrita neste trabalho é de Isadora. Optei por esse cuidado em virtude de nossa proximidade anterior à pesquisa. Não há dúvidas de que suas falas e suas experiências afetam-me de maneira distinta quando comparadas às falas e às experiências das *cunhadas* que passaram a existir na minha vida já como *cunhadas*.

Sobre os capítulos

Esta etnografia é composta por três capítulos arquitetados de acordo com o deslocamento de ponto de vista das *cunhadas* acerca do que se diz sobre "família", como já mencionado. Dessa forma, os olhares do corpo institucional, dos presos e das *cunhadas* sobre a noção, impreterivelmente sob o ponto de vista das *cunhadas*, são abordados respectivamente nos capítulos 1, 2 e 3.

A sequência de apresentação dos capítulos tem como fio condutor a viagem para o dia de visitas nas penitenciárias de Cerejeira. Assim, no início do capítulo 1 a narrativa se desenha a partir do embarque na cidade de São Paulo com destino à Cerejeira na noite de sexta-feira. Analisa, primeiramente, os diferentes significados atribuídos pelas mulheres à noção de caminhada. Adianto ao leitor que a formulação "estar na caminhada" constitui uma das distinções conferidas ao termo. Como se verá adiante, ela evidenciava um sentido indissociável de ação que iluminava uma superfície ética partilhada entre as *cunhadas* (visivelmente identificada nos enunciados sobre frequência nas visitas, preocupação com o *jumbo* e preparo da comida, igualmente trabalhados no capítulo 1). Superfície ética de onde germinavam questões *morais* estrategicamente negociadas entre as mulheres a deslindar um pluriverso moral.

Pluriverso moral que, para além de moralidades distintas, evidenciava mulheres de *proceder* e de *disciplina*, temas abordados no capítulo 2, cuja descrição tem início no deslocamento das *cunhadas* para a noite na "porta da cadeia", de sábado para domingo. A primeira tarefa enfrentada nesse capítulo foi discorrer sobre o sentido que as *cunhadas* – e, segundo elas, os apenados – atribuem ao *sacrifício*. Sacrifício decorrente da adesão à *caminhada*, analisada no capítulo 1. Desse modo, foram explorados no capítulo 2 os componentes que constituíam esta definição de *sacrifício*, seguidos das análises do que se dizia sobre ter *proceder* e de seu solo referencial, a *disciplina*. Ter *proceder* traduzia uma adjetivação positiva atribuída às mulheres, proveniente de um embate de saberes distintos sobre sua definição e motivado por algum ato constrangido. Em seguida, o argumento direciona-se para a descrição sobre o caráter fecundo dos enunciados a respeito do *proceder* e a inviabilidade de um modelo de regulação. A despeito, contudo, da existência de um mecanismo capaz de dissolver os dilemas promovidos pelo embate entre os saberes formulados pelas *cunhadas* e de estabilizar um enunciado ético sobre o *proceder*. Este mecanismo era o *debate*, tema das últimas observações empreendidas no segundo capítulo.

O protagonismo da mulher *fiel* para a existência das *famílias das cunhadas*, ainda que sua menção se faça ao longo de todos os capítulos, constitui os esforços centrais do terceiro e último capítulo. A exposição da análise tem início na madrugada na porta da cadeia, nas primeiras horas da manhã da visita do domingo. Primeiramente foram privilegiados os enunciados das *cunhadas* sobre a imagem da mulher *fiel*, sem desconsiderar, subsequentemente, as formulações sobre seus contrários e suas adjacências. Em seguida, as reflexões concentram-se no estado intencional indissociável das ações das *cunhadas*, das mulheres *fiéis*. Por estado intencional, considero as condições de satisfação de algum propósito estabelecido pelas mulheres. Decorre destas reflexões um aparente oximoro concernente à coexistência de um efeito-resistência a caracterizar os empreendimentos das *cunhadas* e mulheres "submissas". Explanação que, como se verá, enseja as conclusões do capítulo.

Em síntese, os capítulos foram construídos a partir do deslocamento de ponto de vista das mulheres acerca da noção de família. Sobressaem-se, dessa maneira, o ponto de vista do corpo institucional, o ponto de vista dos apenados e o ponto de vista das *cunhadas*, todos do ponto de vista das próprias *cunhadas*. O fio condutor de suas descrições é a viagem para o dia de visita, que são adensadas pelos acontecimentos vividos com as *cunhadas* e suas experiências relacionadas ao evento-prisão. Sem, contudo, circunscrever qualquer prescrição cronológica a essas exposições.

A redação dos capítulos, de algum modo, revela o caminho que percorri durante o trabalho de campo. Das experimentações que nitidamente manifestavam-se ao meu olhar atrapalhado e confuso, aos esforços em lidar com as diferenças, as variações, os contrastes que persistentemente proliferavam-se em meio à paisagem desconhecia. Talvez, também seja possível dizer (contrariamente, é verdade) que o virar das páginas subsequentes é o que revela minhas experiências etnográficas. Após a redação desta dissertação já não mais sou capaz de discernir.

CAPÍTULO 1
Enunciados *éticos* e *morais*:
a construção de um pluriverso *moral* às *cunhadas*

Onze da noite era o horário marcado para saída do ônibus de São Paulo rumo ao dia de visitas nas penitenciárias de Cerejeira. Do mesmo ponto de encontro partiam ônibus para diversos estabelecimentos penais do interior paulista. Ao menos vinte ônibus deixavam a localidade por volta do mesmo horário. Entre 45 e 50 passageiras, era o limite de cada veículo. Eles estavam quase sempre lotados, o que mostrava o fluxo intenso de mulheres que tinham como destino a cadeia às sextas-feiras à noite.[1]

Depois de algumas semanas de trabalho de campo, ainda dentro dos transportes públicos rumo ao ponto de encontro com as *cunhadas*, conseguia identificar as mulheres que, assim como eu, destinavam-se à cadeia. O *jumbo*, as malas enormes, as mochilas lotadas, o cheiro de comida e o sentido do deslocamento me davam pistas das mulheres que fariam

---

1 Somente para as penitenciárias de Cerejeira havia outros dois horários de saída de ônibus às sextas-feiras, além do das 23h em que eu costumava ir. Também havia um ônibus aos sábados à noite, chamado pelas mulheres de "bate e volta".

visita em algum estabelecimento penal. Passadas mais algumas semanas de pesquisa de campo, já trocava cumprimentos com mulheres no metrô, ainda que eu nunca viesse a saber onde visitavam, sequer os seus nomes, e nem elas nada sobre mim, sabíamos que partilhávamos o mesmo destino naquelas noites.

Da estação de metrô até o ponto de encontro com as mulheres que se destinavam às penitenciárias de Cerejeira, caminhava uns 700 metros. Próxima ao local, mas ainda do outro lado da rua, já podia avistar a *guia* de Cerejeira a marcar em seu caderno a ordem de chegada das visitas naquela localidade. Como mencionada na introdução, a ordem da lista produzida pela *guia* de acordo com a chegada das *cunhadas* no ponto de encontro em São Paulo era equivalente à ordem da fila de entrada para a visita na cadeia.

Atravessei a rua e vi a dona da excursão na porta do ônibus a distribuir as passagens para as mulheres que, calmamente, ocupavam suas poltronas dentro do ônibus. Noite quente e de início de mês, foi necessário chamar ônibus extras para atender toda a demanda presente. Muitas mulheres a conversar, comer e fumar, e crianças a correr, gritar, rir e chorar. Era preciso muito cuidado para caminhar e não esbarrar em ninguém ou em *jumbos* e malas enormes com os travesseiros e cobertores dobrados por cima. Cumprimentei a *guia*, a dona da excursão e as mulheres que conversavam em meio ao cheiro de churrasco dos espetinhos vendidos na esquina, ao lado do colorido produzido pelas malas e *jumbos*, intensificado pela luz do bagageiro:

Cunhada I: oi amor. Quer um espetinho?
Eu: valeu, querida. Acabei de comer. Você tá bem?
Cunhada I: Tô ótima. MOÇO DO CHOCOLATE!

A *cunhada* gritou ao ver o vendedor de barras de chocolates e outra *cunhada* interrompeu:

Cunhada II: eu quero um chocolate.

Cunhada I: escolhe, amor. Era só pro preso, mas vou te dar um.

Dirigiu-se ao vendedor,

Cunhada I: vou querer seis. VAI, ESCOLHE LOGO AÍ O SEU. E você tá bem?

A *cunhada* I voltou a falar comigo, mas demorei a me dar conta.

Cunhada I: JACQUELINE!

Eu: eu tô bem também. Desculpe, não vi que voltou a falar comigo.

Estranhei a ausência de uma *cunhada* que sempre a acompanhava, então perguntei pela mulher.

Cunhada I: ela vai de carro essa semana e só amanhã de manhã pra esperar outra *cunhada* sair do serviço, acho que às 6h. Vão chegar 12h em Cerejeira. O *ladrão* me mata se eu chegar essa hora. Dona Maria, me vê mais uma cerveja?

Enquanto conversávamos, também passavam ambulantes a oferecer sacolas de *jumbo*, roupas, *lingerie*, selos postais, envelopes, cigarros e isqueiros. Estes produtos eram consumidos em abundância pelas visitas.

A *guia* guardava as bagagens das passageiras que chegavam e, não raramente, era interrompida por mulheres que pediam informações sobre os destinos e as regulamentações das cadeias, o que, em geral, sugeria que realizavam a sua primeira viagem. Apesar de viajar há algumas semanas e conhecer muitas mulheres (ainda que de vista) o cenário, no que concerne às visitas, era bastante instável. A *guia* fechou o bagageiro e nos pediu para entrar no ônibus. Já passava do horário combinado de partida e as mulheres que já ocupavam seus lugares começaram a se incomodar. "Desse jeito a gente vai chegar às dez da manhã na cadeia, entrar meio dia e ficar nada com o preso", diziam algumas mulheres claramente irritadas. Discretamente, a *guia* ainda pediu para a *cunhada* I (do diálogo descrito acima) não entrar no ônibus com a cerveja. O consumo de bebidas alcoólicas no veículo era proibido, assim como fumar, ouvir funk, utilizar um vocabulário grosseiro e considerado desrespeitoso. As mulheres atribuíam essas atitudes a "uma falta de moral", em um ambiente em que "é preciso ter ética". Como veremos mais detalhadamente no capítulo 3, o cuidado com o vocabulário e os limites musicais são alguns dos elementos que compõem o que chamei de imagem da mulher *fiel*, a qual, provisoriamente, pode ser entendida como uma qualificação a distinguir as mulheres que estão na *caminhada*. Mas o que é a *caminhada*?

Em seu contexto de pesquisa, Biondi (2010: 33) indica a variedade de sentidos atribuídos ao termo caminhada condicionados às experiências vividas pelos seus interlocutores, a saber, homens presos em cadeias de domínio do PCC. Entre os sentidos por eles formulados, a autora ressalta os que fazem referências a situações e movimentos, além dos que indicam rumos compartilhados, mesmo que construídos individualmente. Quanto às mulheres dos presos, Biondi sugere que "a qualidade de sua caminhada está relacionada à sua dedicação ao marido" (: 34). Atenta à trama de relações provenientes da minha pesquisa etnográfica e certamente influenciada pelas críticas de Herzfeld (1980) a respeito das comparações, generalizações e traduções conceituais, aclaradas pela análise da produção antropológica do mediterrâneo, somada às considerações de Marques (1999: 136), que ressaltam o escamoteamento dos significados e da variedade dos fenômenos que podem brotar das etnografias, caso os antropólogos não deixem de encaixar particularidades em pressupostos conceituais teóricos ou do senso comum, esforcei-me em compreender o sentido atribuído ao termo caminhada mediante as elucidações das colaboradoras desta pesquisa, em circunstâncias e situações específicas.

A análise dos sentidos de caminhada, a equivocidade do termo, portanto, é a primeira tarefa que enfrentarei neste capítulo. Adianto que a convivência privilegiada com as *cunhadas* permitiu-me apreender que a formulação "estar na caminhada" constituía uma das distinções conferidas ao termo. Como pretendo mostrar, esta formulação implicava uma série de procedimentos a serem desempenhados pelas *cunhadas*, dentre os quais a frequência nos dias de visita, o *jumbo* e a comida conformavam seus pontos de maior visibilidade. A realização destes procedimentos garantidos pela *caminhada* certamente relacionava-se ao cuidado das mulheres com o *preso*, como sugerido por Biondi (2010). Desse modo, com base no meu material de campo, descrevo nos tópicos subsequentes (sobre a frequência nas visitas, o *jumbo* e a comida) em que consiste isto que provisoriamente pode-se entender como dedicação ao marido e como ela não se constituía sem desvios, variações, alternativas ou eventualidades.

Com uma abordagem que diverge da que proponho, Spagna (2008) sugere que as mulheres que "visitam seus internos" (: 204) "desempenham o papel de dedicação ao companheiro preso, em função dos papéis sociais que lhe são atribuídos por sua condição feminina". Substancialmente contrário às considerações da autora, minha convivência com as *cunhadas* não abriu qualquer possibilidade de vincular suas práticas discursivas a "papéis sociais", sobretudo, derivadas de uma "condição feminina" rotulada de antemão. Pude observar que o ato de dedicação envolve, antes, uma profusão de intencionalidades das *cunhadas*, como se verá no decorrer das linhas apresentadas, especialmente, no capítulo 3. Todavia, ao que concerne ao capítulo 1, levar em conta o ponto de vista do corpo funcional da instituição carcerária sobre o que se diz quando se diz "família", constitui um exemplo deste caráter intencional mobilizado pelas *cunhadas*. Assim, o segundo subcapítulo deste capítulo dedica-se aos sentidos conferidos à noção de família pela instituição prisional de acordo com as narrativas das *cunhadas*. Nos tópicos que lhe dão forma, abordo a distinção atribuída à noção quando a referência se fazia à *família* do preso ou ao considerarem que o preso tinha *família*. Acentuo que ambos os sentidos são concernentes às elucidações das *cunhadas* no que diz respeito ao ponto de vista da instituição.

Os diferentes sentidos atribuídos à *caminhada* e a construção de um pluriverso *moral*

Dentro do ônibus, sentei ao lado de uma mulher que há algumas semanas anunciava sua intenção em me contar como havia entrado na *caminhada*. Até aquele momento não havíamos tido uma boa oportunidade para tratar deste assunto que, segundo a *cunhada*, exigia muito cuidado por sua complexidade e, por estar na *caminhada* há bastante tempo, seria ela a pessoa indicada para me explicar. Muitas outras mulheres relataram-me como entraram na *caminhada*, o que sem dúvidas corrobora a análise que se segue. Não obstante, a descrição detalhada pela *cunhada* sentada ao meu lado no ônibus foi crucial para que eu viesse a compreender não só o sentido específico do termo empregado nessa circunstância de "entrar" ou "estar" na *caminhada* (suas implicações e importâncias para as mulheres), mas, sobretudo, a polissemia garantida à noção:

> Diferente das outras mulheres, porque a maioria aqui não é do crime, e, também, porque cada uma tem a sua caminhada, conheci o meu marido no crime.[2] O preso fazia parte do mesmo grupo de corre que eu, mas nem sempre

---

2 "Crime", como elucidado pela *cunhada*, aproxima-se do sentido elaborado por Marques (2009) a partir do esforço em mapear a noção diante do modo como é utilizada pelos seus interlocutores de pesquisa, a saber, os "ladrões". Segundo o autor, crime não tem origem, não é sujeito de demarcação espacial e, diferentemente disso, é movimento que faz e desfaz "aliados" e "inimigos". A noção de crime que se refere estritamente a furtos, tráficos, roubos, sequestros, homicídios etc., contempla um ponto de vista judiciário (: 93). Decerto o argumento do autor é bem mais sofisticado do que apresento, contudo, minha intenção é evidenciar que, ao dizer que a maioria das mulheres não são do "crime" e que conheceu o

a gente tava junto, dependendo do esquema ia uma parte do grupo, dois, às vezes todos, isso dependia do corre mesmo. Quando se encontrava, a gente ficava na troca de olhar. Assim, ia dividir o dinheiro do corre, e a gente ficava se olhando. Ganhei que ele tava me querendo. Até que um dia calhou da gente ficar só os dois, assim, depois de uma fuga, sabe? A gente se escondeu juntos, sem mais ninguém. Aí a gente se pegou, né? E isso passou a acontecer direto. No começo fiquei encanadona, porque ele tem a idade dos meus filhos, menina! Mas a gente se dava tão bem que isso foi passando. A gente se dava bem principalmente nos corres, porque eu tenho mais experiência e ele mais disposição. Boa parceria! Na rua, a gente ficou junto por três anos. Mas não pense que foi tudo mil maravilhas. A gente brigou muito, terminamos, voltamos, várias vezes. Ele me bateu, eu bati nele, mas sempre teve muito amor entre a gente. A gente se gosta muito. Aí um dia a casa caiu pra ele [foi preso]. Ele era muito sem experiência no crime, novinho de tudo e se não fosse eu, ele já tinha rodado antes. E se não fosse eu de novo, ele tava pagando de talarico[3] e sem visita na cadeia, porque assim que ele caiu no sistema [foi preso] um ladrão, em outra cadeia, passou a caminhada pros irmãos da cadeia do meu marido dizendo que na verdade eu era mulher dele e que meu marido era um talarico. O argumento do ladrão era que a gente tinha um filho juntos e isso me fazia mulher dele. A gente tem um filho juntos, mas a gente nunca esteve juntos. Só pra fazer o filho, né?

---

marido no "crime", a *cunhada* atribui à noção esse sentido de "relação de consideração", "puro fluxo" (: 94), como sugerido pelo autor.

3   Nesse caso, ser "talarico" significa manter relações com mulheres casadas. O que é agravado quando o marido da mulher é *ladrão*.

O meu marido argumentou que a gente tava três anos juntos e que o ladrão nunca tinha sido meu marido, mas ele é tão inexperiente que ninguém deu audiência pra ele [deu atenção]. Aí eu tive que me intrometer, né? Entrei na linha com os irmãos de várias cadeias, levei a ideia pro debate pra eles decidirem quem tava pelo certo. Depois eu te explico melhor sobre o debate, mas eu só entrei na linha com os irmãos porque corro com o crime, né? O meu argumento era que mesmo que eu tivesse um filho com o ladrão isso não me fazia mulher dele, já que eu nunca fiz visita pra ele. É só conferir no rol[4] do cara. Meu nome não vai tá lá. E se não tá lá é porque eu nunca fechei com o ladrão. Entendeu? Se eu tivesse feito uma visita, tudo bem, eu podia ser considerada a mulher do cara. Mas não. Convenci os irmãos de que eu tava pelo certo. Desse jeito meu marido, aquele por quem eu estava na caminhada mesmo, tudo bem que naquela época fazia poucos meses que tava na caminhada, mas foi aquele que

---

4   O rol é o registro institucional de visita dos apenados. No estado de São Paulo, em penitenciárias masculinas, o rol de visitas só pode ser composto por parentes de primeiro grau – mãe, pai, irmãos e filhos – e pela mulher. É necessário que seja registrado em cartório o vínculo de estabilidade do relacionamento com o apenado. Essa informação foi unânime entre as mulheres que conheci durante a realização da pesquisa, a despeito do estabelecimento penal que visitavam. No entanto, algumas mulheres ressaltaram que "antes de 2006", "da grande rebelião", a regulamentação era diferente. Conforme a fala de uma *cunhada*: "qualquer um podia visitar o preso, não tinha essa de comprovar relacionamento estável. Só em segurança máxima, né? Penitenciária normal era tranquilo". No caso das penitenciárias de Cerejeira, por exemplo, no período em que realizei pesquisa de campo, para colocar o nome no rol de algum preso era necessário enviar os documentos de identificação pessoal – RG, CPF – atestado de antecedentes criminais, exame médico, foto 3x4, certidão de casamento ou certificado de união estável. Ao enviar os documentos, o nome da mulher permanecia por, ao menos, seis meses no rol do apenado. Antes que esse prazo terminasse, não era permitido colocar o nome de outra mulher no rol.

eu fechei a caminhada fazendo a primeira visita, não sofreu as consequências de ser um talarico.

Ainda que dentro de um mesmo contexto enunciativo, o trecho da conversa com a *cunhada* torna evidente que à noção de caminhada foram atribuídos diferentes significados. O termo certamente estava sujeito a uma variabilidade de sentidos contextuais, situacionais e circunstanciais. Contudo, o ato de enunciação parecia exigir algum referencial para que esses sentidos fossem desenhados e tornados evidentes. Visto que o argumento fora narrado por uma única *cunhada*, sobre uma situação específica por ela vivida, o modo como as ideias foram encadeadas talvez em nada discernissem os sentidos da noção de caminhada caso não associadas a um ponto de contato, algum referencial. *Caminhada*, na frase "cada uma tem a sua caminhada", associava-se à ideia de propriedade, do que é próprio.

Mediante a experiência de campo e a imersão nesse contexto partilhado com as *cunhadas*, essa associação da *caminhada* como algo que poderia ser próprio, colocou em relevo a ideia de que *caminhada* significava trajetórias ou histórias de vida. De modo constante ouvia a pergunta "qual a sua caminhada?" e, rapidamente, observei que as respostas eram fundamentadas em relatos ou acontecimentos passados das vidas das *cunhadas*. O primeiro sentido atribuído à *caminhada*, portanto, concerne à história de vida.

Já a formulação da *cunhada* "o ladrão passou a caminhada", sugere que a noção de caminhada referia-se ao ato de extensão de um tema, ao prolongamento de um assunto ou à propagação de um fato ocorrido. Outras expressões neste sentido eram continuamente elucidadas pelas *cunhadas*: "eu passo toda caminhada da rua para o meu marido", "te passaram a caminhada?". *Caminhada* aqui, associada ao verbo "passar", conferia à noção um sentido de comunicação ou alastramento de uma notícia ou acontecimento, o segundo sentido que atribuo ao termo.

Fechar a *caminhada*, como também ressalta a fala da *cunhada* "eu fechei a *caminhada* fazendo a primeira visita", evoca, de modo interino, o terceiro significado ao termo. Neste caso, *caminhada* expressava o laço com o marido diante da situação prisional. Sentido que pode se estender ao que seria seu quarto significado que, ao associar caminhada a tempo, como indica a frase "fazia poucos meses que tava na caminhada", também se evidenciava o vínculo com o marido na situação de cárcere. Este mesmo sentido de *caminhada*, que conectava a mulher ao preso em virtude do evento-prisão, ainda se manifestava, e essa é provisoriamente sua quinta acepção, na frase da *cunhada*: "Aquele por quem eu estava na *caminhada*". Estar na *caminhada*, assim como entrar na *caminhada*, fechar ou ligar-se a uma dimensão de tempo, para além dessa conexão com o apenado diante da situação penal, que, aliás, não se relacionava com o motivo da prisão e sim com a condição do cárcere, sugeria a ideia de ação, à medida que estar/entrar/fechar na/a *caminhada* há um tempo específico, envolvia o desempenho de alguns procedimentos entre as mulheres (que serão analisados no decorrer desta etnografia) a produzir um solo ético e *moral* pelas/às *cunhadas*.

Logo, como descrito acima, a noção de caminhada era mobilizada de modo a significar trajetórias de vida ou histórias passadas. Também podia designar o ato de extensão ou difusão de alguma narrativa. Distintamente, quando a noção era associada aos verbos estar/entrar/fechar ou/e à dimensão temporal, desanuviava um sentido que, primeiramente, exprimia o encontro entre mulher, marido e cadeia (o evento-prisão) e, mais do que isso, através das ações das mulheres mediante à maneira como experimentavam esse encontro, *caminhada* conduzia a um sentido de solo ético e moral que, como mostrarei no capítulo 3, conforma o terreno propício para a produção da mulher *fiel*.

No início deste capítulo mencionei que determinados comportamentos dentro do ônibus (um ambiente em que "é preciso ter ética"), como ingerir bebidas alcoólicas, por exemplo, poderiam ser considerados carentes de *moral*. Diante dessas considerações, chamo de solo ético os enunciados das *cunhadas* concernentes ao desempenho de uma conduta específica que, como se verá, mais do que avaliada pelas mulheres, era negociada entre elas. A ética, portanto, ativava um modo prático e discursivo de experienciar o mundo. O que garantia o reconhecimento de um território existencial partilhado pelas *cunhadas*, um "campo de possibilidade", nas palavras de Foucault (1982), "onde se inscreve o comportamento dos sujeitos ativos" (: 243).

A *moral*, diferentemente da ética, ainda que complementares, evidenciava-se em ocasiões em que o desempenho dessa conduta ética era colocado em suspeição ou discussão entre as *cunhadas*. Assim, quando a *guia* fez uso da discrição para falar com a *cunhada* I a respeito da cerveja, era justamente para evitar que se instaurasse uma discussão seguida de acusações morais. Logo, uma questão *moral* se evidenciava mediante o constrangimento ao desempenho dos procedimentos éticos esperados pelas mulheres.

Antes, portanto, de entender a *moral* como determinante e reguladora de uma conduta sobreposta aos indivíduos, como sugerem as análises de Durkheim (2008: 72-3), a *moral* no sentido mobilizado pelas *cunhadas* era construída por meio de atos constrangidos, de modos bastante específicos e situacionais, em referência à ética. Esse esforço de pensar antropologicamente a noção de moral, de apreender como a noção era articulada entre as *cunhadas*, em alguma medida, reitera a proposta de Fassin (2008: 334) em entender as práticas e as avaliações que operam o mundo social distanciando-se da ideia de costumes em consonância às normas superiores. Contudo, conforme observa Villela (2010: 175), Fassin propõe que os preconceitos morais do antropólogo sejam também incluídos na análise como objeto de pesquisa, de modo a aclarar os discursos que aparentam ser ininteligíveis. Proposta que, segundo Villela, é insuficiente para nos livrarmos do olhar do "normativo, legal, do dever". Alternativamente, o autor sugere que a análise antropológica privilegie os "feixes de enunciados normativos" mobilizados tática e estrategicamente, antes do que resigná--los aos códigos, sejam eles morais, legais, culturais ou sociais (: 176). Face a esse debate e diante do meu material etnográfico, mais especificamente, diante dos enunciados éticos mobilizados pelas *cunhadas*, a saber, a respeito da frequência na visita, do *jumbo* e da comida, abordados ainda neste capítulo, acerca de ter *proceder* e estar na/ter *disciplina*, explorados no capítulo 2 e sobre ser uma mulher *fiel*, analisados no terceiro capítulo, mostrarei como de modos bastante distintos, por mecanismos divergentes, minhas colaboradoras de pesquisa conduziam os problemas *morais* derivados de atos éticos constrangidos. Assim, antes que se evidenciasse uma atomização, uma desagregação do enunciado ético coerente, sugiro que as *cunhadas* estrategicamente experimentavam um pluriverso *moral*.[5] *Caminhada*, associada a uma dimensão temporal e aos verbos estar, entrar e fechar, diz respeito ao encontro entre as mulheres, os maridos e a cadeia, o evento-prisão, derivado da realização da primeira visita ao apenado, como ressalta a fala da *cunhada* no início deste subcapítulo. Logo, o sentido conferido ao termo mobilizado nessas circunstâncias é indissociável de ação. Estar/fechar/entrar na *caminhada* produzia uma superfície ética de onde germinavam questões *morais* experimentadas pelas *cunhadas*. Como se verá, ética e *moral* eram estrategicamente negociadas entre mulheres, a deslindar um pluriverso *moral* de onde, para além de moralidades distintas, brotavam mulheres de *proceder*, na *disciplina* e, sobretudo, mulheres *fiéis*, seus contrastes e adjacências.

A seguir tratarei dos enunciados éticos que provisoriamente denominei como procedimentos mais visíveis da *caminhada* concernentes à dedicação ao marido: a periodicidade na visita, o *jumbo* e a preparação da comida. Como mencionado, a análise mostrará como estas práticas discursivas não se constituíam sem variações, alternativas, desvios ou eventualidades que, antes de atomizarem o que era eticamente compartilhado entre as mulheres, desenhavam um pluriverso moral.

---

5   Pluriverso, conceito utilizado por Stengers (2011), sugere a conexão entre "eventos simbióticos", isto é, a conexão entre formas heterogêneas de vida, entre eventos que se relacionam positivamente ainda que divirjam. A autora mostra que essas conexões são sempre parciais, decorrentes de oportunidades e sem harmonia. O sentido atribuído ao conceito, nos diz Stengers (: 60), foi formulado por William James na tentativa de livrar-se da ideia de uma "superação da discordância" (Universo) e, ao mesmo tempo, da ideia de "partes indiferentes desconexas" (Multiverso). O conceito de pluriverso, portanto, nos sugere uma quebra com a indiferença sem, por outro lado, trazer uma unidade abrangente.

"(...) viajamos 7 horas pra estar aqui e vamos viajar mais 7 horas pra voltar pra casa" - A frequência na visita

"A Joana não veio. Aposto que já abandonou o marido". A presença constante no dia de visita era uma prática prevista entre as *cunhadas*. Como sugere a frase de uma das interlocutoras, a ausência na visita abria a possibilidade de avaliações negativas entre as mulheres que estavam na *caminhada*. Essa assiduidade na visita era bastante esperada pelo *preso*, o que não só se evidenciava nas falas de minhas colaboradoras de pesquisa, como também na etnografia de Grimberg (2009: 59) que ressalta a grande ansiedade e o sentimento de medo que acometia os apenados nos casos de ausência das mulheres em dia de visita. Além do apenado, a presença assídua das *cunhadas* nas visitas igualmente atendia às expectativas das demais mulheres e corroborava uma qualificação positiva ao apenado face à instituição prisional. A frequência na visita aflorava o modo como as ações das *cunhadas* movimentavam-se nesse território efeito da *caminhada*: entre mulher-*preso*, entre *cunhada-cunhada*, entre mulher-*preso*-cadeia, o que seria o mesmo que dizer *cunhada-sistema*.[6] Não que exclusivamente à frequência na visita recaia esse papel de imprimir nitidez ao modo como eram estabelecidas as relações entre as interlocutoras desta pesquisa. Faço essa menção para que logo se indique ao leitor como eram tecidas as relações nesse território experimentado pelas *cunhadas*.

A frequência no dia de visita, como já mencionado, dizia respeito a um dos procedimentos éticos (que chamei de visível) esperados das mulheres que estavam na *caminhada*. Podia-se de fato ver quem visitava o marido. Tornava-se explícita a periodicidade com que as mulheres visitavam o *preso*. Era de domínio público a frequência das *cunhadas* no dia de visita nos estabelecimentos penais. Pude notar

---

6 Ainda que sejam omitidos os verbos estar, entrar e fechar ou a dimensão temporal, será nesse sentido que mobilizo o termo caminhada. O leitor será avisado quando a noção de caminhada aparecer com outro significado.

mediante a convivência com as mulheres que mesmo que se mobilizasse esse enunciado ético sobre a frequência, passível de avaliações negativas ou, em outras palavras, de constrangimentos ao que se entendia como ética (de onde derivavam problemas de ordem *moral*), as *cunhadas* não necessariamente estavam presentes todos os finais de semana no dia de visita.

Aparente contradição, todavia incapaz de fragmentar a articulação do enunciado a respeito da presença constante das *cunhadas* na visita aos seus maridos. A experiência etnográfica evidenciou que as mulheres condicionavam de modo particular a frequência com que realizavam a visita ao apenado. Elas estabeleciam marcações temporais que indicavam o caráter assíduo de sua presença junto ao marido: semanalmente, quinzenalmente ou mensalmente. Logo, o que garantia sentido à assiduidade das *cunhadas* não era a presença infalível em todos os fins de semana, mas, antes, a regularidade que particularmente conferiam à realização das visitas.

A qualidade assídua das mulheres, quando alvo de avaliações, se fazia diante de uma regularidade singularmente impressa, uma cadência, a despeito de um enunciado ético que de modo aparente não admitia brechas. Como sugere o diálogo entre duas *cunhadas*,

- E a Jane? Ela não veio essa semana. Será que ela abadon...
- Nem termina que ela só vem na minha *quinzena*. Não fala besteira que você sabe que aqui tá cheio de gente pra dar audiência pro que não deve.

Essa cadência a conferir sentido à assiduidade das *cunhadas* mostra que visitar semanalmente, quinzenalmente ou mensalmente não estabelecia uma relação assimétrica entre as mulheres. Dito de outro modo, visitar todos os finais de semana não conferia às *cunhadas* qualquer tipo de superioridade diante das mulheres que visitavam a cada quinze dias, assim como visitar mensalmente não atribuía às *cunhadas* avaliações negativas perante as mulheres que visitavam quinzenalmente ou toda semana. De acordo com o diálogo acima, ao pedir para que a mulher não terminasse a frase, a *cunhada* deixa evidente que a ausência de "Jane" não se expunha a uma má avaliação por regularmente visitar no final de semana equivalente à sua *quinzena*.[7]

No início da pesquisa de campo as *quinzenas* das *guias*, que não ocorriam no mesmo fim de semana, eram minhas referências para saber quais *cunhadas* eu encontraria a cada viagem. Todavia, em pouco tempo eu sabia da *quinzena* de todas as mulheres com quem convivi durante aqueles meses. Além da *quinzena*, sabia também da regularidade com que condicionavam suas visitas aos maridos. Rapidamente, portanto, tornava-se de domínio coletivo a cadência que conferia sentido à qualidade assídua das visitas nos estabelecimentos penais. Terreno propício à proliferação das más avaliações, caso estas regularidades não se efetivassem no plano vivido.

As *cunhadas* trabalhavam muito para manter a regularidade na visita. Suas narrativas, de modo geral, expressavam a satisfação em estarem com o *preso* na data prevista, como evidencia a fala de uma *cunhada*:

> Eu abro mão de qualquer coisa pra tá com o meu marido todos os finais de semana. Sabe como é, né? Ele fica aí, no sofrimento, a semana toda. Coitado. Ele me

---

[7] Quando a cunhada diz "ela só vem na minha quinzena", significa que a mulher a quem ela se referia só visitava no final de semana em que ela mesma visitava sábado e domingo. O que acontecia quinzenalmente. Dito de melhor maneira, nas penitenciárias de Cerejeira a visita acontecia todos os sábados e domingos. No entanto, as visitantes só podiam entrar no estabelecimento penal os dois dias em finais de semana alternados. Um fim de semana sim e um não, portanto, as visitas deviam escolher entre sábado ou domingo para fazer a visita. *Quinzena* era o modo como as mulheres denominavam os finais de semana que visitavam os dois dias. O final de semana da *quinzena* era também chamado de *dobradinha*. Logo, ser a *quinzena* da mulher não implicava, necessariamente, que ela visitasse quinzenalmente. As mulheres que visitavam semanalmente e mensalmente também tinham as suas *quinzenas*.

espera. Sabe que eu venho todos os finais de semana, por isso não posso faltar. É minha maior alegria estar aqui semanalmente.

Contudo, como as próprias *cunhadas* costumavam dizer, "imprevistos acontecem". Em um dos finais de semana durante o período de campo, viajei no ônibus do "bate e volta" que, ao invés de sair na sexta-feira de São Paulo, partia rumo a Cerejeira no sábado à noite. Ainda que eu soubesse quais mulheres estavam na *dobradinha* naquele final de semana e ter uma ligeira lembrança das *cunhadas* que costumavam chegar domingo pela manhã em Cerejeira naquela *quinzena*, não estava certa das pessoas que encontraria no ponto de saída do ônibus. Era a primeira vez que eu viajava no sábado e, como anteriormente mencionado, o cenário do ponto de encontro em São Paulo era, sobretudo, inconstante no que concernia às mulheres com destino aos estabelecimentos prisionais. Segundo as interlocutoras, essa configuração decorria dos altos índices de encarceramento no estado de São Paulo que, entre suas principais políticas, "leva o preso para o mais longe possível de sua casa, pra família inteira passar pelo sofrimento", como me disse uma *cunhada*.[8] A política de encarceramento, o confinamento do apenado centenas de quilômetros de distância de sua residência, somado às não raras transferências dos presos (o que poderia deslocar suas mulheres para outras localidades de saída de ônibus na cidade), além da presença de *talaricas, gadinhos* e *pontes* (o que era sempre ressaltado pelas *cunhadas*),[9] dificultava semanalmente o encontro com rostos conhecidos no local de

---

8   Feltran (2010b: 209) ressalta que desde meados dos anos 1990 o encarceramento nas periferias de São Paulo aumentou quatro vezes. Sobre a massificação do encarceramento em São Paulo, ver também Godoi (2010: 43).

9   Tratarei sobre quem eram essas mulheres no capítulo 3. Por hora cabe dizer que, de acordo com as *cunhadas, talaricas* eram mulheres que gostavam de se relacionar com presos casados. *Gadinho* eram mulheres para a "diversão" dos presos, mulheres que os presos não manteriam um relacionamento "de verdade". *Ponte* eram mulheres incumbidas de levar contravenções para dentro do estabelecimento penal.

saída de ônibus para Cerejeira. Naquela noite de sábado, permaneci mais de 20 minutos sem reconhecer ninguém. Nem mesmo a *guia* havia chegado. Após algum tempo pude ver o motorista que estacionava do outro lado da praça. Caminhei em direção ao ônibus de onde, surpreendentemente, desceram algumas mulheres daquela *quinzena*, sustentando em seus ombros a sacola transparente do *jumbo*, com os refrigerantes, os potes de plástico vazios, as bolachas, o chocolate em pó, o açúcar, o leite em pó, os sabonetes e o papel higiênico à mostra. Cena completamente inusitada. Minha experiência de campo já era suficiente para saber que só um motivo grave faria com que aquelas mulheres deixassem de visitar no domingo. Antes que eu pudesse chegar às *cunhadas*, a dona da excursão tocou em meu ombro imediatamente dizendo que os presos do raio verde estavam de castigo, sem água, sem luz e sem visita. As *cunhadas* aproximaram-se e me contaram que no sábado pela manhã, ainda na fila para entrar na instituição, um funcionário as comunicou que visitantes do raio verde deveriam ir embora, pois os presos estavam todos de castigo e não receberiam visitas:

> E mais nada. Não disseram mais nada. Aglomeramos em volta do funcionário, desesperadas, e tudo que ele fez foi mandar a gente de volta pra casa. Não importa se viajamos 7 horas pra estar aqui e vamos viajar mais 7 horas pra voltar pra casa. Não importa se as crianças dormem mal, comem mal pra estar aqui. Muito menos se passamos horas cozinhando e dias guardando dinheiro pra fazer o *jumbo*. Agora eu jogo tudo no lixo? Porque eles falaram que nem por sedex vai entrar. O castigo é pra quem?[10]

Claramente tristes e abaladas, as *cunhadas* permaneceram ali até o momento em que partimos para Cerejeira, de modo a evitar que alguma

---

10 Nas penitenciárias de Cerejeira, além do *jumbo* no dia de visita, é permitido que os presos recebam outro *jumbo* durante a semana via sedex.

visita do raio verde embarcasse no ônibus. A cada mulher que chegava, as *cunhadas* perguntavam se a visita era no raio verde para que não retornassem com seus *jumbos* intactos.[11] Consequentemente ao castigo do raio verde, durante 30 dias muitas *cunhadas* não puderam visitar seus maridos. Desesperadas e valendo-se da ajuda das mulheres que não tiveram as regularidades de suas visitas afetadas, procuraram programas de televisão, de rádio, os "direitos humanos", o *Comando*, o padre da cidade. Em nada conseguiram alterar a decisão da instituição.

Ausentes por um mês, estavam suspensas as regularidades que atribuíam sentido à qualidade assídua nas visitas de todas as *cunhadas* cujos maridos cumpriam pena no raio verde. Sem, por outro lado, desqualificar a retórica de que eram positivamente avaliadas as mulheres que tivessem frequência na visita.

É certo que o exemplo é bastante abrangente. Deparei-me com muitos outros, mais singulares, como morte de parentes, resguardo pós-parto, problemas de saúde, prisões de *cunhadas*, que igualmente não descaracterizavam o enunciado ético sobre os procedimentos esperados das mulheres na *caminhada*. Incessantemente repetido pelas *cunhadas*, a frequência nas visitas conferia às mulheres avaliações positivas, como analisado. Mesmo que composta de eventualidades que a estacavam e não sem marcarem uma cadência específica.

"CUIDADO! VAI CHUTAR O JUMBO DO PRESO"
A preocupação com o *Jumbo*

Por duas vezes paramos na estrada em virtude de problemas mecânicos no veículo. Em circunstâncias deste tipo, outros ônibus com destino às penitenciárias costumavam parar e auxiliar o motorista do ônibus quebrado. Ajuda braçal, em segurança e em iluminação da estrada viabilizada pelo farol do ônibus. Diante das paradas involuntárias, chegamos às 7h30

---

11 Essa preocupação que as mulheres têm entre elas será analisada mais adiante no tópico: "O que importa mesmo é o tempero de casa". O preparo da comida.

em Cerejeira. Um grande atraso, visto que a maioria das mulheres tomava banho, esquentava a comida e arrumava o *jumbo* antes que se abrissem os portões das penitenciárias e a fila, lentamente, começasse a andar (o que geralmente acontecia às 8h da manhã). Chegamos à porta do estabelecimento penal e fui diretamente com umas *cunhadas* tomar café no Leo e na Simone, enquanto aguardávamos a entrada do nosso ônibus. As mulheres que dormiram na porta da cadeia já estavam prontas para a visita. As filas para usar o banheiro e para tomar banho gelado de mangueira eram praticamente inexistentes. E o cheiro do hidratante de marca Victoria's Secret já se impunha no ambiente. Perder todo esse processo indicava que de fato estávamos atrasadas. Sentadas no trailer, local onde as mulheres também encomendavam os "lanches" (é assim que se referiam aos imensos sanduíches preparados pelo Leo) e os refrigerantes gelados para seus maridos, algumas *cunhadas* arrumavam o *jumbo*. Ainda que a permanência na fila fosse longa, era com certa pressa que as mulheres desempenhavam este procedimento: despejavam açúcar e café em saco transparente, tiravam chocolate e leite em pó, bolachas, pães de forma, bolo fatiado, barra de chocolate em pedaços, doces diversos (sobretudo balas) de suas embalagens originais e, igualmente, punham em sacos transparentes. Tiravam rolos de papel higiênico e sabonetes de suas embalagens e passavam para o saco transparente. Transferiam *shampoo*, hidratante corporal, amaciante de roupas para garrafas plásticas também transparentes. Eu estava completamente atenta ao trabalho das *cunhadas* até que a minha atenção foi desviada pelo comentário de uma das mulheres: "Mas o seu ladrão é chique, hein? Limpa o rabo com Neve, então?". Acalmando os olhares apreensivos que se voltaram a ela, a dona do *jumbo* riu e respondeu: "Pois é! O ladrão é tão bem tratado que não quer saber de sair daí".

O *jumbo*, assim como a frequência no dia de visita, era um dos componentes de maior visibilidade dos procedimentos éticos desempenhados pelas mulheres que estavam na *caminhada*. Ele estava sempre por perto das mulheres, em seus pés, em suas mãos, em processo de preparação, no ônibus, na pensão, na porta da cadeia. Como indica o comentário da *cunhada*, até mesmo os nomes comerciais dos produtos contidos nos *jumbos* quase sempre eram de domínio público. Para onde quer que se olhasse havia um *jumbo* à espera do momento da visita. Era preciso estar atenta para não esbarrar nos *jumbos* que se espalhavam pelo caminho, como uma vez quase aconteceu comigo ao me levantar da poltrona no ônibus e não notar que havia um *jumbo* aos meus pés. Felizmente fui salva pelo grito de uma *cunhada*: "CUIDADO. VAI CHUTAR O JUMBO DO PRESO". Dificilmente havia quem visitasse sem o *jumbo*, e, ainda que a depender das semanas as *cunhadas* levassem *jumbos* mais ou menos fartos, não conheci nenhuma mulher nesses meses de pesquisa de campo que viajasse sem suas grandes sacolas plásticas com alimentos, com produtos de higiene pessoal e de limpeza. O *jumbo* era, certamente, imprescindível às *cunhadas*.[12]

Conforme a lista cedida pela instituição, o *jumbo* podia ser composto de produtos alimentícios,[13] produtos de limpeza,[14] de higiene pessoal,[15]

---

12 Grimberg (2009) em sua etnografia sobre a "mega-rebelião" de 2006 nas unidades prisionais do estado de São Paulo, ressalta o papel das *cunhadas* em prover a penitenciária através dos *jumbos* (alimentos, produtos de higiene pessoal, entre outras coisas solicitadas pelos apenados a partir das cartas) nesse contexto de rebelião (: 88). Godoi (2010) salienta a centralidade do *jumbo* "no dispositivo carcerário paulista" (: 69). O autor denomina o *jumbo* como uma "instituição" social que, além de criar vínculos diretos (entre presos) e indiretos (entre presos, amigos e vizinhos de familiares de presos), viabilizaria a vida dentro dos presídios paulistas, nas palavras do autor, "uma experiência carcerária precarizada" (: 68).

13 Achocolatado em pó; açúcar refinado; balas industrializadas sem teor alcoólico; bolachas e biscoitos industrializados exceto wafer e recheados; bolo industrializado fatiado; chocolate em barra ou tablete em pedaços; doce industrializado cortado; frios fatiados; frutas da época fatiadas e sem casca ou caroço; leite em pó, pão de forma ou torradas industrializados; refrigerante pet não congelado; manteiga ou margarina.

14 Desinfetante; detergente neutro; sabão em pedra exceto cor laranja e amarelo; sabão em pó.

15 Antiséptico bucal sem álcool; aparelho de barbear descartável de cabo de plástico; cotonete; creme de barbear; creme dental; creme para a pele; desodorante bastão,

de "uso próprio e comum",[16] materiais escolares e jogos[17] e de vestuário e roupa de cama.[18] Ainda de acordo com as orientações desta lista, comida preparada também compunha o *jumbo* (aparecia como "jumbo: é permitida a entrada de dois recipientes plásticos com 1kg de comida preparada em cada"), mas, segundo as *cunhadas*, o ponto de vista privilegiado desta etnografia, a comida não era *jumbo*. Primeiro porque, na *quinzena* (quando a visita entra nos dois dias do final de semana), só era permitida a entrada do *jumbo* em um dos dois dias de visita, sábado ou domingo. A comida, diferentemente, entrava sábado e domingo. Depois, as mulheres descreviam que, dentro da instituição, a fila para a revista do *jumbo* não era a mesma para a revista da comida. "Se comida fosse jumbo, revistava junto", explicava-me uma mulher enquanto movia as mãos como se fundisse a comida e o *jumbo* que estavam nos seus pés. Assim como as *cunhadas*, portanto, exploro-os separadamente.

A importância do *jumbo* para as *cunhadas* estava diretamente relacionada ao *preso*, visto que não há dúvidas de que, em termos práticos, era para o apenado que se fazia o *jumbo*. Todavia, as motivações que as levavam a preparar o *jumbo* apresentaram-se por meio de discursos bastante heterogêneos. Houve quem evidenciasse compaixão pelo apenado, como

---

roll-on ou creme sem álcool; escova dental; fio ou fita dental; papel higiênico; sabonete exceto cor laranja e amarelo; shampoo.

16 Cigarro, fumo desfiado, palha; espelho nº12 com moldura plástica; fotos de familiares sem álbum; isqueiro transparente; cortador de unha tipo trin; esponja de louça; escova plástica para lavar roupa exceto na cor laranja e amarelo.

17 Lápis preto; apontador de lápis; borracha; caneta esferográfica verde ou vermelha; bloco de carta pautada ou brochura; caderno de 50 folhas; envelope para cartas; selos postais; livros exceto capa dura; revistas e manuais educativos; dominó, dama ou trilha.

18 Tênis tipo futsal sem amortecedor, sapatos ou botinas; sandálias tipo havaianas; lenço de bolso; lençol branco; fronha branca; cobertor sem barra; toalha de banho; bermuda ou calção sem estampa; blusa de frio sem capuz, sem forro, sem zíper, sem bolso frontal; calça padrão com elástico; camiseta branca manga curta; meias; cuecas.

ressaltavam os relatos de mulheres que deixavam de "comprar/ter/pagar/comer" para "dar" ao preso:

> Uma vez eu juntei uns quinze reais de moedas e era tudo o que eu tinha até o próximo salário. Eu precisava comprar comida porque já não tinha nada em casa, mas eu queria fala com o preso. Na época, tava no ar [havia celular] a cadeia que ele tava. Aí eu coloquei crédito no celular com as moedas e passei fome até o dia do pagamento. Eu vivo fazendo isso, sabe? Tirando de mim pra dar pra ele. Mas, coitado, também...

Em geral, estes relatos acabavam com frases do tipo: "eu to no mundão, posso me virar. Mas ele, coitado...".

Diferentemente destes relatos que inspiravam compaixão, preparar o *jumbo* se manifestava nos discursos das mulheres também como um procedimento a conferir sentido à visita. Como (indignada com minha pergunta do porque ela sempre levava o *jumbo*) disse-me uma *cunhada*: "e eu venho fazer o que aqui sem o jumbo? O preso conta com isso". Entre as mulheres, portanto, houve aquelas que disseram não conceber outra maneira de visitar o marido, salvo com o *jumbo*.

Houve mulheres que se consideravam obrigadas a levar o *jumbo* mediante a chantagem de seus maridos: "se eu não trouxer o jumbo do jeito que ele gosta, com tudo da melhor qualidade, ele manda raspar minhas sobrancelhas". A despeito do caráter nefasto da chantagem, da aparente ameaça que inevitavelmente nos salta aos olhos, estes discursos eram mobilizados com bastante humor pelas *cunhadas*. Estas reações bem humoradas das mulheres frente às ameaças infelizes dos homens, remete-me às considerações de Gregori (1993) a respeito do cuidado em compreender os contextos os quais a "violência" ocorre e os sentidos que ela toma sobre si. A autora, não sem lembrar que "é o corpo da mulher que sofre os maiores danos" (: 184), ressalta que considerar a "violência contra a mulher" apenas como uma "ação criminosa e que exige punição" (: 183) tende a obliterar outros significados que estas ações podem carregar. Diante das reflexões de Gregori e frente ao modo como as *cunhadas* elucidavam estes enunciados ("ele manda raspar minhas sobrancelhas", seguido de risadas), replicar a dualidade agressor/dominação/ homem em oposição à vítima/passividade/mulher, de fato, analiticamente, pode estancar as possibilidades de sentidos garantidos a esses atos.[19]

Jumbo motivado pela compaixão, *jumbo* que atribuía sentido à visita, *jumbo* estimulado pela chantagem. Outros discursos ainda evidenciavam algo como um sentimento de culpa a incitar algumas mulheres a prepararem o *jumbo* aos seus maridos:

> O mínimo que eu faço é trazer o jumbo depois de ter me divertido tanto por causa do crime. Na hora do bem bom eu tava junto, né? Agora tem que correr com o ladrão.

As motivações das *cunhadas* concernentes à preparação do *jumbo* aos apenados, como demonstrado, não configuravam opiniões homogeneizadas. O *jumbo* imprimia sentido à visita, inspirava sentimentos de compaixão, de culpa, além de ser evocado pela chantagem. Desse modo, ainda que se mobilizasse repetidas vezes o enunciado ético a respeito da imprescindibilidade do *jumbo* na visita, eram por variados estímulos que ele se evidenciava na *caminhada*.

Como enfatizei anteriormente, a importância do *jumbo* estava indiscutivelmente relacionada ao *preso*. De todo modo, outros efeitos decorrentes da preocupação com o *jumbo* manifestavam-se sob dois outros impulsos. Da relação entre *cunhadas* e da relação entre *cunhadas* e instituição.

Na relação entre *cunhadas*, assim como a frequência na visita, a preocupação com o *jumbo* condicionava uma boa imagem à mulher decorrente do reconhecimento do cuidado com o apenado que, contrastivamente, as diferenciavam das mulheres *gadinhos, talaricas, recalcadas*, as quais, segundo as minhas colaboradoras de pesquisa, "gostam de cadeia, de ladrão e não do preso", como tratarei detalhadamente no capítulo 3. A despeito

---

19 Ver também Gregori (2003).

deste enunciado, vivi uma situação com as *cunhadas* que, mesmo sem levar o *jumbo* para o próprio marido, uma mulher não foi negativamente avaliada pelas outras mulheres:

> Lembra que eu te falei que eu visitava uma vez por mês? Então, é porque eu não tenho dinheiro, sabe? É passagem, é jumbo, é comer na estrada, a pensão... e eu não tenho quem me ajude. É só meu trabalho e não tá fácil, não. Aí, conversando com uma cunhada que está prestes a ter bebê, ela propôs que, já que não pode mais viajar, pagaria para eu viajar todos os finais de semana, mas traria o jumbo e a comida para o marido dela. Somente em um final de semana do mês, como de costume, eu traria para o meu. Eu aceitei na hora. Imagina? Ver o meu marido todos os finais de semana? Isso é um sonho, estou muito feliz. Mesmo sem trazer o jumbo, pelo menos estaremos juntos.

Momentos antes da visita, a *cunhada* estava visivelmente apreensiva e comentou comigo que talvez pudesse ser um problema não ter consultado o marido antes de dar sua palavra à colega grávida. Nitidamente, parte de sua apreensão era decorrente dos comentários que brotavam ao nosso redor, posto que entrar com o *jumbo* ou/e a comida para outro preso aparentemente não era bem visto entre as mulheres.[20] A situação foi para o *debate*, o que significa que aos presos fora incumbida a decisão sobre a atitude da *cunhada* de não levar o *jumbo* para o próprio marido. A análise sobre o *debate* será empreendida no capítulo 2, por ora, cabe dizer que a *cunhada* foi considerada "pelo certo" e, diante disso, não se evidenciou nenhuma avaliação negativa sobre sua atitude. Tampouco o acordo entre as *cunhadas* colocou em dúvida a substancialidade característica da preocupação com o *jumbo* para o marido. Mais uma vez não se observava a dis-

---

20 De acordo com o que ouvi de outras mulheres sobre o fato ocorrido, o problema poderia se dar entre os presos que, segundo suas especulações, poderiam questionar: "que história é essa da mulher de um levar o *jumbo* pro outro? Isso não tá pelo certo".

solução do enunciado ético, nesse caso concernente à imprescindibilidade do *jumbo*. Antes, verificava-se a articulação de um mecanismo capaz de garantir estabilidade ao enunciado: o *debate*.

Por fim, como já indiquei, a preocupação com o *jumbo* também projetava uma relação específica entre mulher e cadeia. Afinal, eram os procedimentos éticos que chamei de mais visíveis da *caminhada*, a frequência na visita, o *jumbo* e a comida (que explorarei a seguir), que colocavam as *cunhadas* em contato direto, em suas palavras, com o *sistema*. Logo, através das revistas no dia de visita, a relação estabelecida com o *preso* estendia--se ao corpo de funcionários da instituição prisional.

De acordo com as colaboradoras desta pesquisa, da qualidade e da quantidade dos produtos que compunham o *jumbo* emanavam efeitos na condição de tratamento dispensada pelos funcionários da instituição às visitas. Resumidamente, entendia-se que quanto maior o *jumbo*, menos "respeito" às mulheres. Quer dizer, quanto mais as visitas dedicavam-se ao *preso*, segundo os pesos e as medidas dos funcionários da instituição em relação aos produtos do *jumbo*, menos eram "respeitadas" nas revistas:

A reprovação já começa no olhar. Se importar com o preso, levar o jumbo, comida, gera muita reprovação dos funcionários, sabe? Tem dia que é tanto mau humor que o funcionário vai tirando tudo do jumbo e falando que não vai entrar. E se a gente argumenta que aquilo tá na lista, na quantidade certa, ele olha pra você e diz que só pode da outra marca. Isso quando não ficam pesando todos os produtos pra ver se não tem um grama a mais. Às vezes, sem nenhum respeito, só olha e diz que não vai entrar porque ele não quer. O sangue ferve. Depois ainda mexem e remexem a comida, chegando num ponto que quem é que sabe o que tem na *tupperware*? E quem vai enfrentar os caras? Depois o preso vai de bonde [é transferido] pro fundão [cadeias localizadas no extremo oeste paulista] e eu que me ferro. Ou vai pro pote, é mal tratado. Mas, assim, isso também depende do funcionário do plantão.

Estrategicamente, mesmo que o sangue ferva, as *cunhadas* não se dispunham a enfrentar declaradamente esse tratamento inversamente proporcional garantido pelos funcionários às visitas. Elas sabiam, como evidencia a fala da *cunhada*, que a menor indisposição com o corpo funcional da prisão podia gerar maiores problemas ao apenado e, consequentemente, a elas. Igualmente uma questão inversamente proporcional. Logo, diante da maneira como eram tratadas, as *cunhadas*, antes, mobilizavam táticas que visavam esquivar-se o quanto possível deste tratamento considerado desrespeitoso. Além disso, como pretendo mostrar na análise que se segue, as mulheres manejavam a entrada de produtos do *jumbo* até mesmo quando não permitidos, sem, contudo, transgredir as normas penitenciárias. A preocupação com o *jumbo* concernente à relação das *cunhadas* com o *sistema*, evidencia um estado intencional taticamente articulado pelas mulheres. Assim, após a estabilidade garantida por mecanismos como o *debate*, as alternativas que incentivavam a preocupação com o *jumbo* como a atribuição de sentido à visita, a compaixão, a culpa ou a chantagem, a relação entre as *cunhadas* e a cadeia, por meio da intencionalidade, desanuviava outra variação do modo como se constituía o enunciado ético sobre o *jumbo* mobilizado pelas *cunhadas*.

Como indica a fala anterior, o modo de tratamento destinado às *cunhadas* "depende do funcionário do plantão". As mulheres, então, preocupavam-se em conhecer o que consideravam o melhor dia para entrar com o *jumbo* na visita (sábado ou domingo) e, para tal, baseavam-se nos plantões dos agentes por elas denominados como "limpo" e "sujo".

O "plantão limpo", de acordo com as interlocutoras, significava que os funcionários não se preocupavam em pesar os alimentos, tirar coisas do *jumbo* ou "revirar" a comida. Em suas palavras, "no plantão limpo, eles preferem fazer a fila andar". Sobre o plantão sujo, ao contrário, enfatizavam as *cunhadas* que "os agentes" preferiam "humilhar a família do preso". Conforme as explicações das *cunhadas*, estes plantões eram alternados de modo que se o plantão fosse sujo no sábado em determinada semana, na semana seguinte seria sujo no domingo. E assim sucessivamente. Depreende-se dessas explicações que as *cunhadas* sabiam o melhor dia para entrar com o *jumbo* no estabelecimento penal. Contudo, como acentuavam, se todas as visitas entrassem com o *jumbo* no "plantão limpo" a fila não andaria e "pior, não vamos conseguir entrar com refrigerante nos dois dias", enfatizou uma das mulheres.

Conforme a lista distribuída pelo estabelecimento penal a respeito dos produtos que entravam no *jumbo*, permitia-se a entrada de duas garrafas pet de 2 litros de refrigerante. Logo, considerado elemento a compor o *jumbo*, refrigerante só entrava em um dos dois dias. Diferentemente da comida preparada que, mesmo considerada elemento do *jumbo* na listagem institucional, tinha a entrada permitida aos sábados e aos domingos. Diante dessas circunstâncias, descontentes com a regulamentação que proibia a entrada de refrigerante nos dois dias, primeiro pela indignação ("se a comida entra nos dois dias, porque refrigerante não?"), depois pelo irrefutável ("se eu levo os dois refrigerantes no sábado ele não dura até o almoço do domingo" ou "se eu levo os dois no domingo, o preso reclama no sábado"), as *cunhadas* organizavam-se de modo a entrar com refrigerante nos dois dias de visita como explico em seguida a partir de uma situação vivida com as *cunhadas* dentro do ônibus em uma das manhãs de sábado, momentos antes do início das visitas:

> Ai meu Deus! A Virginia não veio! A Virginia não veio, e agora? ALGUÉM AÍ VISITA NO RAIO BRANCO E QUER TROCAR O REFRIGERANTE? ALGUÉM TÁ SEM DUPLA PRA TROCAR O REFRIGERANTE? TEM QUE SER DO RAIO BRANCO.

Como já dito, para cada *jumbo* permitia-se a entrada de duas garrafas de refrigerantes. As mulheres, dessa forma, organizavam-se em duplas na condição de visitarem no mesmo raio, como indica a fala transcrita da *cunhada*. Uma das mulheres da dupla entrava com o *jumbo* no sábado com os dois refrigerantes, o que, em geral, era negociado mediante a necessidade particular de passar pela revista do "plantão limpo" ou "sujo". Esta mulher entregava um dos refrigerantes ao seu marido que deveria entregar ao marido de sua dupla. No domingo a troca era efetuada.

Concomitantemente ao manejo da entrada de refrigerante nos dois dias, as *cunhadas* equilibravam a entrada de visitas no "plantão limpo" e no "plantão sujo". Logo, verificava-se através da intencionalidade que se manifestava nas ações das *cunhadas* concernentes à preparação do *jumbo* o caráter variável de como se constituía o que era *eticamente* partilhado entre mulheres. Ainda nos resta saber como esse enunciado era mobilizado a partir do terceiro procedimento ético da *caminhada* que caracterizei como visível, a comida.

"O que importa mesmo é o tempero de casa"
O preparo da comida

Sábado às 15h30 saímos da pensão para buscar as visitas no estabelecimento penal. Justamente no horário em que soa o primeiro apito na cadeia para que as visitas comecem a se despedir do apenado. O ônibus estava carregado de refrigerantes, águas, sucos e salgadinhos e fez uma única parada antes de chegarmos à porta da cadeia para que se comprasse gelo. Em menos de quinze minutos, após cortar a paisagem verde pela estrada praticamente vazia e abaixo de um indescritível céu azul, encontrava-me rodeada de visitas em busca das bebidas que eu vendia para a dona da excursão. O segundo apito da cadeia já havia soado às 15h45 e ao som dele, nenhuma visita deveria permanecer no complexo penitenciário. Às 15h55 tocava o terceiro e último apito, neste momento já não deveria haver nenhuma visita no prédio. Caso isso ocorresse, conforme diziam as *cunhadas*, "o preso vai pro pote e a visita pega um gancho", o que em outras palavras significava dizer que ao apenado sobrepunha-se um castigo e à mulher uma suspensão nas visitas. Ao deixarem o estabelecimento penal após a visita, as mulheres aguardavam os ônibus ou as vans de suas respectivas excursões com suas *tupperwares* vazias dentro das sacolas transparentes dos *jumbos* sem qualquer viço. Indiscutivelmente cansadas, formavam grupos cujos assuntos geralmente diziam respeito à visita. Hidratavam-se, alimentavam-se, até que o seu meio de transporte chegasse. Havia também quem aguardasse familiares, amigos ou taxistas, além das visitas que estacionavam seus carros nas largas ruas em torno das penitenciárias. Ao fim da visita, as minhas colaboradoras de pesquisa deixavam o *preso* tomadas por ansiedade. Não exclusivamente pelo desejo de estarem com ele novamente, mas por todos os procedimentos que envolviam a realização da visita do domingo. Naquele sábado, assim que todas as visitas da excursão de São Paulo estavam presentes, entramos no ônibus e, inevitavelmente, surpreendeu-me a quantidade de mulheres que havia ali dentro. Sem dúvidas havia mais de 80 mulheres dentre as que conversavam, as que riam e as que permaneciam em silêncio. Eu tentava contar, mas a tarefa era definitivamente irrealizável. Deixamos as mulheres que não estavam na *quinzena* no ponto de encontro com o ônibus do "bate e volta" e seguimos para a pensão. Rapidamente as mulheres trocaram de roupa e pegaram suas carteiras para que o ônibus as levasse ao mercado. Cientes de que era preciso apressar-se a fim de assegurar uma vaga na cozinha da pensão para prepararem a comida da visita de domingo, outras *cunhadas* haviam levado dinheiro para a visita. Ignoraram o fato de vestirem a "roupa da cadeia"[21] ou portarem a sacola do *jumbo* e pararam no mercado antes que o ônibus chegasse à pensão. O ônibus aguardava o retorno das mulheres na praça central da cidade para levá-las de volta com as compras. Entretanto, muitas optavam pelo caminho a pé até a pousada de modo a chegarem antes das mulheres do ônibus para, especialmente, garantirem as panelas.

De todo modo, ainda que houvesse grande preocupação das visitas em se apressar, não exclusivamente a ordem de chegada à cozinha ditava

---

21 Segundo as mulheres, as roupas que vestem para a visita (naquele período: calça *legging*, camiseta e chinelo) claramente as identificavam como familiares de preso. Algumas delas diziam não gostar desta identificação.

sua condição de funcionamento. No processo de preparação da comida da visita do domingo, as mulheres "não preferenciais" cozinhavam primeiro do que as "preferenciais", o que significa que, grávidas, idosas, mulheres com problemas de saúde e mães de crianças de colo, ainda que "preferenciais" na fila da visita, não tinham preferência no que concerne ao uso da cozinha. Esta condição de funcionamento baseava-se no fato de que, ao contrário das "não preferenciais" que passavam a noite de sábado para domingo na porta da cadeia a fim de garantirem um bom lugar na fila para a visita, "as preferenciais" dormiam na pensão e cozinhavam tranquilamente após o horário em que as "não preferenciais sobem pra porta", como costumavam dizer. A cozinha da pensão, portanto, funcionava madrugada adentro para que todas as mulheres preparassem a comida do *preso*. Na manhã de domingo, face a este arranjo entre as mulheres, "as preferenciais" tinham lugar garantido na fila pelas "não preferenciais" que passavam a noite a fim de assegurar seus lugares.

Todo esse manejo da cozinha, concernentes à preocupação das mulheres com o preparo da comida do apenado, evidencia o motivo pelo qual considerei a comida como visivelmente um dos três procedimentos éticos desempenhados pelas *cunhadas*. Quando não estávamos na cozinha a preparar a comida, conversávamos em qualquer outro lugar em meio ao seu aroma. Quando não estávamos no mercado a comprar os alimentos, estávamos dentro do quarto a experimentar a iguaria ou a organizar seis ou oito potes plásticos na geladeira, a depender da quantidade de mulheres nos quartos. Assim como os outros dois procedimentos éticos visíveis trabalhados anteriormente (a frequência na visita e o *jumbo*) certamente o objetivo final das mulheres com a preparação da comida era o *preso*. A comida era garantida ainda que a realização da visita fosse incerta, como, por exemplo, na ocasião do castigo dos presos do raio verde, descrito no tópico sobre a frequência na visita, em que algumas *cunhadas* optaram em permanecer na cidade para tentar visitar seus maridos no domingo, mesmo cientes do castigo. Estas mulheres prepararam suas iguarias normalmente com a esperança de os funcionários do plantão de domingo liberarem a visita: "vai que eles tão de touca atolada [não sabem o que aconteceu]. Como eu vou chegar sem a comida do preso?", ressaltou uma das minhas interlocutoras.

Além de sempre garantida, mesmo que uma *cunhada* fosse surpreendida por algum imprevisto que a impossibilitasse de realizar a visita, as demais *cunhadas* cuidavam para que a comida chegasse até seu *preso*. Como no caso de uma das visitas que, no momento da revista, foi chamada pela administração penitenciária e informada que estava suspensa em realizar visitas ao seu marido por enviar exames médicos falsos à instituição:

> Eu comprei os exames prontos porque era mais rápido. Não porque não queria apresentar os verdadeiros. Não sei se você sabe, Jacque, mas a gente só pode visitar depois de entregar toda a documentação e eles não aceitam os exames que levamos para outra cadeia. Eles falam que são velhos. Mas toda hora meu marido vai de bonde [é transferido] e se eu for fazer exame e esperar ficar pronto pra visitar, ele já vai tá em outra cadeia.

Após passar a manhã em prantos a imaginar que o marido pudesse estar preocupado com sua ausência, que ele ficaria sem *jumbo* e sem comida, ao fim da visita, as mulheres saíram do estabelecimento prisional bastante preocupadas em consolá-la: "fica tranquila, seu marido almoçou. Mandei comida, o meu marido conversou com ele, explicou a situação. Tá tudo na paz"; ou ainda: "olha, eu também mandei comida, ele comeu tudo, tomou refrigerante. Tá tranquilo, nega! Ele tá bem". A atitude das mulheres diante da situação da *cunhada* suspensa, toda essa mobilização para que a comida chegasse até o apenado a despeito da presença de sua mulher na visita, justamente nos mostra a importância que as *cunhadas* atribuíam à comida preparada para o *preso*.

A preocupação com a comida envolvia também a elaboração de um cardápio, tema de muitas conversas entre as minhas interlocutoras. De modo geral, "a vontade do preso" era o que fundamentava as escolhas das *cunhadas*:

O filho da puta disse na carta que queria comer canelone de presunto, queijo e catupiry. E quem disse que eu encontrei com catupiry? Ai menina! Não existe canelone já pronto com catupiry. Aí tive que cozinhar a massa da lasanha e enrolar uma por uma. Passar o catupiry, colocar o presunto, uma fatia de queijo e enrolar. Aff, que trampo. Tu nem imagina.

Além da "vontade do preso", outras variáveis foram elencadas pelas *cunhadas* referentes à escolha do cardápio: renda, facilidade de preparo, vontade da própria mulher, ou, como certa vez uma *cunhada* resumiu, "o que importa mesmo é o tempero de casa".

A importância conferida à comida, então, manifestava-se, em primeiro lugar, diante da garantia de sua preparação ainda que a visita fosse incerta. Em segundo lugar, face à mobilização das *cunhadas* em compartilhar a comida com o marido da *cunhada* que inesperadamente pudesse ter sua visita suspensa. Em terceiro lugar, mediante a incessante verbalização da preocupação com o cardápio, que era planejado segundo variados estímulos – a vontade do marido, a própria vontade, o rendimento, a facilidade, "o tempero de casa". Estas manifestações, como já ressaltado, eram efeitos da relação estabelecida entre as *cunhadas* e os *presos* no que diz respeito à importância da comida. Em virtude disso, mas não só por isso, a comida era entendida como um dos procedimentos éticos a serem desempenhados pelas mulheres na *caminhada*. Não obstante, manifestações distintas acerca do caráter ético da comida puderam ser observadas ao deslocar o foco de análise para as relações estabelecidas entre as *cunhadas*.

Na cozinha, em meio ao intenso falatório e à altíssima temperatura ambiente (veementemente alterada em virtude dos fogões industriais que em certos momentos faziam um barulho assustador), as primeiras mulheres que cozinhavam preparavam grande quantidade de arroz e molho de tomate (duas das escolhas majoritárias entre as *cunhadas*), atitude que antecipava o preparo da comida das demais mulheres: "Já tô com a mão na massa mesmo, faço um monte pra adiantar", disse-me uma das *cunhadas* ao mesmo tempo em que virava um saco dois quilos de arroz em uma enorme panela. Acrescentou também que a cada semana "uma acaba fazendo pela outra". Ao nosso lado, outra *cunhada* refogava uma grande quantidade de carne que, ao fim do preparo, resultou em um delicioso *strogonoff* experimentado, para além do *preso*, por algumas visitas e por mim. Muitos pratos exalando fumaça transitavam pela pensão antes que as comidas fossem condicionadas aos potes plásticos destinados aos *presos*. Sobre os potes plásticos, linguiça, bife e asa de frango, não raramente misturavam-se num mesmo recipiente junto com salada de alface, ovo de codorna, "batatinhas de casamento", entre outras saladas. No outro recipiente plástico de entrada permitida na cadeia, muitas vezes dividiam espaço macarrão ao molho à bolonhesa e arroz. Todavia, o cardápio era bastante amplo. Naquela tarde, por exemplo, nhoque, lasanha, arroz de carreteiro, carne assada, frango, medalhão, bisteca, farofa e muitas outras coisas foram feitas e repartidas na cozinha. Assim como temperos em geral e óleo também eram compartilhados.

Além desta partilha de alimentos e de trabalho empreendido na preparação da comida, entre as *cunhadas*, não dispor de dinheiro também não era sinônimo de *tupperware* vazia. Conforme pude observar, quem não podia comprar alimentos ajudava no processo de preparação: cortava os alimentos, lavava a louça, fazia companhia no mercado ou, simplesmente, tinham suas *tupperware* "fortalecidas", como costumavam dizer as *cunhadas*.

Mas, afinal, o que pode ser aprendido alusivamente aos enunciados éticos sobre a comida quando o foco de análise são as relações entre mulheres? A *cunhada* poderia ser bem ou mal avaliada mediante a elaboração (ou não) da comida, como argumentado anteriormente a respeito da frequência na visita e da preocupação com o *jumbo*?

É certo que a dimensão avaliativa continuava a assombrar o comportamento ético desempenhado pelas mulheres, sobretudo, em comentários localizados e articulados em primeira pessoa:

Hoje não deu de trazer comida. Foi muita correria o dia inteiro, quase que eu não consigo nem chegar aqui. Vou ter que comprar lanche pro preso. Ainda bem que ele gosta. E pode falar o que quiser de mim, porque eu sei que vão falar. Aqui o povo é cheio de dar audiência pro que não é da conta deles. Mas eu sempre trago comida, só hoje que não deu tempo.

Pode-se dizer, contudo, que esta dimensão avaliativa projetava-se de modo latente nas mulheres no que concernia à comida. Ela estava lá, como evidencia o comentário da *cunhada*. Entretanto, digamos que estava em potência, ofuscada pela produção de algo como solidariedade. Uma solidariedade efeito de um encadeamento diverso fundamentado em interesses em comum, complementares e incomuns, como sugiro a partir da análise a seguir.

De acordo com a descrição acima sobre a cozinha no momento de preparação dos alimentos, a solidariedade em comum produzida entre as *cunhadas* refere-se ao fato de que o preparo da comida era um interesse coletivo entre as mulheres. Primeiro, em virtude do *preso*. Depois, porque todas as mulheres desejavam chegar o quanto antes à fila para a visita. Assim, retomando, as *cunhadas* trabalhavam colaborativamente para que todas conseguissem cozinhar a tempo de "subir para porta da cadeia" e, como o ônibus não "subia" antes que todas as mulheres terminassem suas iguarias, elas antecipavam o serviço umas das outras para que nenhuma fosse prejudicada ao fim do dia. Produzia-se, dessa maneira, uma solidariedade na cozinha baseada em conveniência mútua.

A solidariedade complementar, no entanto, evidencia-se mediante o desempenho de funções singulares entre as mulheres no momento de preparo dos alimentos. Como já descrito, umas compravam os ingredientes, outras lavavam a louça, outras ainda cortavam os alimentos ou iam ao mercado. Contudo, ainda que estas funções singulares se complementassem diante de um interesse comum (que nesse caso era ter a comida pronta), não se verificava, por outro lado, a exigência de reciprocidade. Afinal, algumas mulheres, simplesmente, tinham a *tupperware* "fortalecida". Conveniência mútua, possibilidade de ausência de reciprocidade. A solidariedade ainda se manifesta de maneira incomum, em um ambiente onde a todo o momento se era lembrado que "ninguém é amigo de ninguém". Logo, a preparação da comida produzia uma relação de solidariedade entre as *cunhadas* em consonância ao discurso de que "não se pode confiar em ninguém". Configuravam-se, desse modo, relações solidárias sem que, necessariamente, relações afáveis se efetuassem entre as *cunhadas*.

Face à importância conferida ao seu preparo, a comida era considerada entre as *cunhadas* um procedimento ético a ser desempenhado. Esta importância manifestava-se mediante a sua elaboração ainda que a visita fosse incerta, através da preocupação das mulheres em ocasiões imprevisíveis, como o *gancho* de uma *cunhada*, além da mobilização de um cardápio. Estes elementos, contudo, apresentavam-se através da concentração da análise nas relações entre mulheres e apenados. Voltada às relações entre as mulheres, salienta-se a produção de solidariedade que, ao obliterar a dimensão avaliativa que assombrava o desempenho dos procedimentos éticos garantidos pela *caminhada*, destacava-se mediante um encadeamento diverso entre conveniência mútua, não exigência de reciprocidade e relações solidárias a despeito de afabilidade.

A precedência das reflexões a respeito da polissemia do termo caminhada, seguida pelas análises dos enunciados éticos visíveis da *caminhada* (a frequência na visita, o *jumbo* e a preparação da comida, procedimentos que provisoriamente foram entendidos como qualidade de dedicação da mulher ao preso, mas que, como demonstrado, extrapolavam o cuidado com o apenado), se fez com a intenção de destinar o leitor à maneira como as *cunhadas* entravam em contato direto com o corpo funcional da instituição. Assim, perante essas elucidações, exploro a seguir as considerações das *cunhadas* sobre o ponto de vista do *sistema* concernente às acepções sobre a noção de família.

A *família*, ter *família*, ser *família*: os significados do termo *família* para a instituição, segundo as *cunhadas*

A realização dos procedimentos éticos mais visíveis da *caminhada*, a frequência na visita, o *jumbo*, a comida, através das revistas íntimas, do *jumbo* e dos alimentos, colocavam as *cunhadas* em contato direto com o corpo funcional da prisão. Assim, mediante essa comunicação sem intermediários, o tratamento institucional condicionado às mulheres fundamentava as diferenciações por elas elaboradas a respeito dos sentidos conferidos à "família" pela instituição. Deste encontro, portanto, as mulheres evidenciavam três sentidos à noção de família. O primeiro, *família* como sinônimo de visita. O segundo, *família* como uma qualidade positiva atribuída ao apenado (ter-*família*). E, o terceiro, *família* como uma característica negativa associada às mulheres (ser-*família*). Como já dito, estes sentidos distinguiam-se em vista do tratamento condicionado pelo corpo institucional às mulheres no momento das revistas.

O primeiro sentido conferido à *família* era, portanto, como sinônimo de visita. Todas as pessoas que visitavam nos estabelecimentos penais eram denominadas *família* do apenado. Em função das regulamentações que só permitiam a visita de parentes de primeiro grau e cônjuge nas penitenciárias masculinas, esse sentido atribuído à *família* circunscrevia uma relação consanguínea e de casamento.

Seja como for, esse sentido dado ao termo família não constituía somente o ponto de vista do corpo institucional. Segundo as mulheres, apenados e *cunhadas* partilhavam deste ponto de vista e igualmente atribuíam o sentido de visita à *família*. Assim, o primeiro sentido de "família" mobilizado entre as mulheres era equivalente à visita, que se caracterizava pela consanguinidade e matrimônio, e não variava diante dos três diferentes pontos de vista atravessados pelo evento-cadeia.

Conforme diziam as *cunhadas* sobre o ponto de vista dos funcionários da prisão em relação aos apenados, "ter família" corroborava uma qualificação positiva ao *preso*. Como ressaltavam as mulheres, esta qualidade positiva não se configurava como uma estima ou qualquer apreço pelo apenado e/ou sua visita, contudo, os presos que não recebiam a *família* eram considerados "abandonados na cadeia. E, por isso, não podiam ser boa coisa". Nesse sentido, *família* também correspondia à visita, mas o fato de tê-la (e não sê-la, como explorarei adiante) diferenciava a população carcerária a favor dos que recebiam a *família* nos dias de visita. Ainda que estar junto ao *preso* fosse a principal motivação das *cunhadas* na *caminhada*, mostrar aos funcionários da prisão que o apenado tinha-*família* era uma clara intenção das mulheres. Primeiro porque dessa maneira evitava-se a possibilidade do marido ser visto como alguém abandonado pela *família* e, consequentemente, mal avaliado pela instituição. De acordo com minhas interlocutoras, ser mal visto poderia trazer uma série de implicações negativas na vida do apenado, como, por exemplo, atraso de benefícios e maus tratos. Depois, para a instituição, de acordo com as *cunhadas*, ter quem reclamasse pelo apenado (isto é, ter *família*) era a única possibilidade de "salvação" do *preso*. Spagna (2008: 204) salienta "a importância das visitas feitas periodicamente por familiares (...) que é muito eficiente e relevante para o desenvolvimento de uma resposta reativa aos processos de institucionalização". A formulação da autora reitera esse ponto de vista elaborado pelas *cunhadas*. Em outros termos, ter *família* era sinônimo de agente de ressocialização. Todavia, antes de concordarem ou discordarem desses enunciados da instituição ou, inapropriadamente, serem consideradas sujeitos passivos dessas elucidações, as *cunhadas* nitidamente mostravam conhecer as regras do jogo formuladas pelo estabelecimento prisional:

> Eles veem a família como alguém que pode tirar o ladrão da vida do crime. E isso é bom pro preso. Ser bem visto na cadeia, porque, sobre o crime, depende da pessoa. E é por isso também que eu faço questão de vir. Pra mostrar que o preso tem família.

Dessa forma, mesmo com as cartas do jogo cedidas pela instituição, as *cunhadas* estrategicamente conduziam seus jogos de modo a obter os ganhos que lhes eram favoráveis. Esse conteúdo estratégico evidenciado nas ações das *cunhadas* desvia-se de formulações como de Comfort (2008: 125-127) que, apesar de se preocupar com os "efeitos sociais" na vida familiar provenientes do encarceramento em massa nos Estados Unidos contrastivamente a uma série de autores que associam o evento-prisão a uma "força nefasta que resulta na perda do emprego, desintegração familiar e ostracismo social",[22] sugere que as mulheres dos presos passam por uma "prisionização secundária". O que significa dizer que suas interlocutoras de pesquisa, mulheres que visitavam seus maridos em uma instituição penal do norte da Califórnia, passariam por uma "socialização das normas prisionais" e "sujeição ao controle penal".

O termo "prisionização" mobilizado pela autora é tomado de empréstimo de Clemmer (1958: 300), que, referindo-se aos apenados, indica a adoção de uma "cultura geral" da penitenciária derivada do encarceramento: seus hábitos alimentares, vestuários, linguagem etc. Diferentemente das proposições de Comfort, antes que socializadas às normas e submetidas ao controle penal, as *cunhadas* mostravam-se familiarizadas com os enunciados institucionais e, por meio deles, agiam de modo a extrair os benefícios que lhes eram convenientes.

Finalmente, o terceiro sentido atribuído ao termo família pela instituição, segundo as *cunhadas*, condicionava um sentido negativo às visitas dos apenados. Era, igualmente, um sentido correlacionado à visita, contudo, divergente do analisado anteriormente. Ele condicionava às mulheres, por "serem a família" do apenado, "um tratamento humilhante, uma associação com o crime e muitas desconfianças", conforme inúmeras vezes ressaltaram as *cunhadas*. Spagna (2008) também explora esse sentido atribuído à *família* pela instituição ao descrever as implicações sofridas pelos familiares que "visitam seus internos". A autora não sublinha a variedade

---

22 Para tal abordagem ver Tonry (1998); Hagan e Dinovitzer (1999); Mauer e Chesney-Lind (2002); Patillo, Weiman e Western (2004); Braman (2004).

de sentidos conferidos à noção de família, mas aponta o "descaso estatal" e os males institucionais condicionados às mulheres, sujeitas às consequências "de um crime que não cometeram, cumprindo extra-muros, a punição referente àquela que seu afeto está institucionalmente submetido" (: 205).

Diante destas considerações elucidadas por Spagna e, sobretudo ressaltadas pelas *cunhadas*, ser a *família* do preso evidenciava um problema de suspeição. Essas conjecturas desfavoráveis conferidas às mulheres eram, principalmente, decorrentes da revista íntima (também conhecida como vexatória), da revista do *jumbo* e da comida. Como mostra o comentário da *cunhada*,

> Eu entendo que eles têm que fazer a revista porque tem um monte de mulheres que tentam entrar com drogas na cadeia, mas o aeroporto também é um lugar que passa muita droga e você não vê todas as pessoas agachando, nuas, três vezes, né? Claro que não. Ninguém ali é família de preso. Então não precisa humilhar. Arrumam outro jeito.

O comentário de minha interlocutora expõe a clara relação estabelecida pela instituição entre ser *família* de preso e estar sujeita aos procedimentos humilhantes da revista íntima, como ficar nua e agachar três vezes sobre um espelho diante dos olhares das funcionárias da prisão. Segundo as *cunhadas*, o procedimento era realizado dessa maneira quando não envolvia possíveis "desconfianças", o que agravaria a situação. Exemplifiquei com a revista íntima, mas a revista dos alimentos e do *jumbo*, como mencionado na análise empreendia anteriormente, também reiteram o tratamento vexatório dispensado às mulheres que visitam no *sistema*.

De todo modo, essa conjectura desfavorável proveniente da associação entre visitas e ser-*família* do preso não se encerrava no caráter humilhante das revistas. Conforme pude observar, a longa espera na fila para a entrada na instituição, as não raras implicâncias dos funcionários com as roupas das mulheres, a extensa lista de documentos exigidos para a visitação e suas constantes modificações sem aviso prévio, também informavam o argumento de que ser-*família* do preso instaurava um problema de suspeição atribuído às mulheres extensivamente ao relacionamento com o apenado. Como já explicitado, não era incomum que as mulheres voltassem para casa com a comida intacta e alguns produtos do *jumbo* que, coincidentemente ou não, naquela semana foram proibidos de entrar na cadeia. Além disso, por vezes eram impedidas de realizar visita porque vestiam a calça *legging* da cor que, naquela semana, havia sido proibida. Como colocou uma *cunhada*, "é assim, Jacque. Sem nenhum respeito que a cadeia trata a *família* do preso".

Alguns acontecimentos vividos durante a pesquisa de campo mostraram que esses tratamentos vexatórios dispensados às mulheres, *famílias* dos apenados, consequência do relacionamento estabelecido com o *preso* e da adesão à *caminhada*, certamente extrapolavam o perímetro penitenciário. A quilômetros de distância dos estabelecimentos prisionais estes tratamentos ressoavam nas mulheres. Como, por exemplo, em uma das madrugadas na estrada rumo à cidade de Cerejeira.

Depois de uma hora e meia de viagem, levantei para auxiliar uma *cunhada* nas vendas de doces e salgados comercializados pela dona da excursão. Com a caixa de cocadas na mão, caminhava atrás de uma *cunhada* de modo a entregar as cocadas que ela vendia. Inesperadamente o ônibus parou. A possibilidade de ter quebrado, como acontecera nas semanas anteriores, limitou a nossa imaginação sobre o que poderia estar ocorrendo. Era certo, para todas as passageiras, que o ônibus havia quebrado. Ainda com a caixa de cocadas na mão, no fundo do ônibus, gritaram da frente: "*é blitz*". Houve uma pequena correria no ônibus. A guia rapidamente levantou-se e orientou as passageiras para que tivessem calma e cuidassem de seus objetos pessoais. Talvez eu tenha ficado alguns instantes sem reação até que, ao longe, escutei a voz de uma *cunhada*: "Jacque, Jacque! Larga essa caixa. Senta no seu lugar. Larga tudo e senta, Jacque". Larguei a caixa e tratei de me sentar. Estava no primeiro banco e conseguia ouvir o policial solicitar os documentos do ônibus e do motorista. A *guia* foi chamada, mas, em seguida, o policial entrou no ônibus e se dirigiu ao fundo. Entrou no banheiro, mas não havia ninguém. Tudo indicava que nada teria encontrado. Pediu a mulher do último banco que abrisse sua bolsa, não sem antes colocar a lanterna em seu rosto. De onde eu estava não conseguia escutar com clareza o que diziam. Além de distantes, havia um burburinho ininterrupto no ônibus. Com os dois joelhos no banco, virada para trás na tentativa de entender o que o diziam no fundo do veículo, demorei a me dar conta que outro policial falava comigo:

P: Essa bolsa no seu pé é sua?

Com o coração disparado diante do susto, respondi:

Eu: É sim.
P: Posso ver?
Eu: Pode.

Peguei a bolsa, coloquei-a no colo, abri e olhei para o policial como quem consente a revista. Ele acendeu a lanterna no meu rosto e disse:

P: Você sabe muito bem que é você quem tem que mexer. Até parece que nunca passou por isso. Agora, na hora que eu achar as coisas, pode ter certeza que eu mexo. Você tem coisa no bagageiro?

Cega em virtude da luz, fiquei curiosa do porque eu deveria saber como essas coisas acontecem, mas achei que não cabia perguntar. Depois de alguns segundos respondi:

Eu: Ah, sim. Eu sei que eu que mexo e não, não tenho nada no bagageiro.

Tirei a toalha, as roupas, o chinelo, o *shampoo* e abri bem a bolsa. Levava também um livro e um caderno, objetos que causaram estranhamento no policial:

P: Pra quê isso?

Direcionou a lanterna para o livro.

Eu: É que eu vim direto da faculdade.

P: Livro e cadeia? Guarda suas coisas.

Antes que eu fizesse qualquer movimento o policial apontou a lanterna para a senhora ao meu lado:

P: E a senhora tá indo ver quem?
S: O meu filho.
P: É, não precisava disso, né? Criou um vagabundo e agora é a senhora que sofre.
S: Pois é.
P: E o que ele assinou?
S: 157.[23]

Em meio às respostas, a senhora esvaziava sua mochila, onde nada ilícito foi encontrado. O policial voltou-se, então, à criança no banco ao lado e, em um tom muito irônico, perguntou:

P: Tá viajando sozinho?

A criança, com os olhos bem arregalados, respondeu acanhado, mas com uma tranquilidade invejável:

C: Não. Eu vim a com minha mãe.
P: Ah é? E a sua mãe tá aonde que até agora não apareceu?
M: Eu tô aqui. Sou a mãe dele.
P: Então a senhora pode vir aqui abrir a sua bolsa?

A mulher se aproximou, abriu sua bolsa, onde também não havia nada que pudesse comprometê-la. O policial seguiu para a fileira de trás, ao passo que o que estava ao fundo, seguia para frente. Do meu lugar podia ouvir os policiais perguntarem às mulheres:

---

23 Caracteriza roubo.

P: Já foi presa? Você tem cara de quem já foi presa. Tá indo ver quem? O que ele assinou? Ah! 157? E o que ele roubou?

Depois de outras tantas perguntas, de revistarem quase todas as mulheres no ônibus e não acharem nada considerado ilegal, os policiais caminharam sentido à saída, nos desejaram boa viagem e liberaram a partida. Apesar de todo o pânico que não cabia em mim, as *cunhadas* consideraram a *blitz* branda comparada a outras que haviam vivenciado. Segundo o comentário geral, a revista do bagageiro e a formação do "paredão" de mulheres na lateral do ônibus seguida da revista dos seus corpos constituíam uma operação comum nestas *blitz*, como evidencia o diálogo que tive com uma *cunhada* semanas seguintes ao ocorrido:

Cunhada: Você já pegou blitz? Acho que vamos pegar hoje.

Eu: Já, sim. Nossa, fiquei assustada. Tomara que não aconteça de novo.

Cunhada: Vai acontecer. Sempre acontece. Mas como foi? Eles entraram com os cachorros? Te botaram no paredão?

Eu: Nada, menina. Revistaram minhas coisas. Nem abriram o bagageiro, nada. Mas me conta essa história aí de cachorros e paredão? Como que é?

Cunhada: Os policiais soltaram os cachorros dentro do ônibus, desses sangrentos por drogas, sabe? Não acharam nada de contravenção. Aí eles pediram para algumas mulheres descerem. Formou o paredão no busão, sabe? Revistaram sem dó. Enfiando a mão.

Eu: Os homens?

Cunhada: Não. Tinha feminina nesse dia. Mas já ouvi história de masculina revistando as mulheres também. Aqui é família de preso. Pensa que eles respeitam?

Ser a *família* do *preso*, portanto, conferia um significado negativo à noção de família que, como elucidado, fazia com que as mulheres fossem alvos de constantes suspeitas, desconfianças e humilhações. Fosse no perímetro da cadeia ou a quilômetros de distância de suas muralhas. Logo, da associação com o apenado emanava uma negatividade que marcava o tom desse sentido atribuído ao termo família. Diferentemente de quando se tinha-*família* que, como demonstrado, garantia uma qualificação positiva ao apenado, mediante a possibilidade de reinserção à *sociedade*, isto é, da desvinculação do *crime*. Esse ponto de vista institucional era estrategicamente manejado pelas *cunhadas* que, antes de se submeterem sem resistência ao argumento, fortaleciam-no. Porém, da maneira que lhes parecia mais conveniente.

Família também se manifestava como sinônimo de visita e, devido às regulamentações carcerárias, aparecia circunscrita às relações consanguíneas de primeiro grau e ao matrimônio. No entanto, como mostrarei no decorrer da descrição, a polissemia do termo família não se esgotava nos sentidos abordados neste capítulo que, como alvo, privilegiou a compreensão das *cunhadas* concernentes ao ponto de vista da instituição sobre a "família" da população carcerária. Tarefa realizada mediante a apreensão dos enunciados éticos mobilizados pelas *cunhadas* a respeito da frequência na visita, do *jumbo* e da comida, procedimentos que as colocavam diretamente em contato com o corpo institucional, o que viabilizava as elucidações sobre seus pontos de vista acerca da noção de família. Diversamente, o próximo capítulo abordará o que os presos pensavam sobre família, segundo o ponto de vista das *cunhadas*.

CAPÍTULO 2
Sacrifício, disciplina e debate:
a produção de uma mulher de *proceder*

Assim que "as preferenciais" terminaram a comida no sábado, a *guia* abriu o bagageiro do ônibus e pouco a pouco as mulheres saíram dos quartos da pousada com suas malas, comidas e *jumbos*. Cabelos molhados, vestindo pijamas e com cobertores e travesseiros nas mãos, já estava na hora de irmos para porta da cadeia. A *guia* cuidadosamente arrumava o bagageiro de modo a caberem todas as malas sem amassar os *jumbos*. A comida era levada no colo ou em sacolas separadas no bagageiro. Em certos casos os recipientes plásticos iam com a tampa aberta, pois, como era sempre lembrado, "comida quente no pote fechado, azeda". Ainda não eram nove da noite, mas as *cunhadas* se apressavam para chegar logo à fila para a visita do dia seguinte. O quanto antes chegassem, antes estariam com o *preso* no domingo. Lembravam que na saída da visita naquela tarde de sábado já havia carros parados na fila para a visita do domingo. As *cunhadas*, então, ocuparam seus lugares dentro do ônibus e deixamos a pousada. Desviamos o caminho duas vezes para buscar as mulheres que se hospedavam em outros lugares antes de, definitivamente, seguirmos para a cadeia.

Passar a noite na fila à espera da visita do domingo, desconfortavelmente dentro dos ônibus ou em barracas ou em lençóis esticados no chão, apesar de ser consensualmente considerado cruel e sofrido pelas mulheres, era avaliado positivamente no que concernia ao cuidado e à dedicação conferida ao *preso*. Era por situações como essas, que incitavam sentimentos paradoxos como crueldade/sofrimento de alguma forma positivado, que a visita, segundo as mulheres, era considerada sagrada pelos apenados. De acordo com as *cunhadas*, todos os *sacrifícios* que brotavam da *caminhada* condicionavam um caráter sagrado à "família" segundo os apenados. Mais uma vez, "família" aparecia como sinônimo de visita que, especificamente neste caso, diante do ponto de vista dos presos ressaltado pelas *cunhadas*, propiciava um sentido sagrado ao termo.

Logo, este capítulo centraliza-se na perspectiva das *cunhadas* sobre o ponto de vista dos apenados a respeito da "família". No capítulo 1 foi privilegiada a observação das *cunhadas* sobre o ponto do vista do corpo institucional, o que descortinou sentidos específicos à "família". Primeiro, consonante à frequência na visita que, como vimos, imprimia uma referência positiva ao apenado (por ter *família*), além de colocar em evidência a intencionalidade das *cunhadas* ao visitarem com assiduidade por, convenientemente, jogarem o jogo da instituição. Depois, decorrente do tratamento dispensado às mulheres, nas revistas ou a quilômetros de distância do perímetro institucional, o que conferia suspeição extensiva às *cunhadas* derivada do relacionamento com o apenado. Assim, como já mencionado, neste capítulo, diante da perspectiva das *cunhadas* sobre o ponto de vista dos *presos*, confere-se à "família" um sentido sagrado fundamentado no *sacrifício* que se combinava à *caminhada*.

De modo precedente, serão explorados os componentes disso que os *presos*, segundo suas mulheres, denominavam *sacrifício*. Em seguida, a análise se concentrará nos enunciados sobre o *proceder*.[1] Em primeiro

---

1 Marques (2009: 24) chama a atenção para a qualidade extensiva da noção de *proceder*, visto os diferentes contextos sociais em que a noção é articulada: ruas, campos e estádio de futebol, escolas, pistas de skate, lotações, ônibus, letras de rap e de

lugar, porque ter ou não ter *proceder* era igualmente um enunciado evidenciado pelo ponto de vista dos presos, conforme enfatizavam as *cunhadas*. Em segundo lugar, porque, ainda que toda *família* fosse considerada sagrada pelos apenados em virtude dos potenciais *sacrifícios* relacionados ao evento-prisão, de acordo com as narrativas de minhas interlocutoras de pesquisa, eram dissonantes as opiniões a respeito das visitas que, de fato, enfrentavam os *sacrifícios* da *caminhada*. As mulheres, por exemplo, que optavam em dormir confortavelmente na pensão e chegavam à fila pela manhã (salvo as "preferenciais"), eram negativamente avaliadas pelas outras *cunhadas* e muitas vezes consideradas "mulheres sem proceder". Ter *proceder* agregava às mulheres uma adjetivação positiva. Visto que o adjetivo tinha como superfície de contato uma *disciplina*/ética implicada na *caminhada* que, como se verá, era constantemente negociada entre as mulheres em virtude dos potenciais constrangimentos *morais* que atingiam a estabilidade do enunciado ético. Estratégias, negociações e táticas que se estabilizavam no *debate*, o último assunto abordado neste capítulo. O *debate* atuava como um mecanismo capaz de trazer visibilidade à mulher de *proceder*. Um dos elementos que compunham a mulher *fiel*, tema do terceiro e último capítulo desta etnografia.

---

funk. O autor também apresenta as contribuições da literatura sobre esse caráter extensivo do *proceder*: entre pixadores, grupos ligados à periferia, movimento Hip Hop, torcidas organizadas, baloeiros, skatistas (Pereira, 2005) e compondo uma gramática comum ao futebol de várzea, ao Primeiro Comando da Capital (PCC), perueiros, fiscais, ladrões, traficantes (Hirata, 2006). Além disso, Marques mostra que a noção de *proceder* excede limites espaciais, sendo acionada em diferentes lugares na capital paulista, no interior do estado, no litoral, no estado do Rio de Janeiro e Brasília. De todo o modo, como sugere o autor, apesar de sua recorrência, ao termo não se configura um sentido homogêneo. O que, por outro lado, não implica em contradições de pontos de vista, como ressaltam Biondi e Marques (2010:43) inspirados no uso que Villela (2004: 22) faz dos termos perspectivismo e ponto de vista. Trata-se, antes, de "diferenças". Dessa forma, entende-se que os sentidos heterogêneos evidenciados em termos recorrentes, antes do que "veracidade" ou "falta de exatidão", nas palavras de Biondi e Marques, indicam que "o real se multiplicava a cada vez que trocávamos de ponto de vista" (: 44).

Sacrifício como fundamento da *família* sagrada

A sacralidade conferida à família dos presos já foi apontada por alguns estudiosos do tema, sob perspectivas e áreas distintas.[2] Especialmente na antropologia, ainda que a temática não constitua a centralidade desses esforços, pode-se verificar o caráter sagrado associado à família do apenado em Biondi (2007), Grimberg (2009) e Marques (2009), por exemplo. Certamente este é um discurso recorrente na literatura. E a experiência de campo mostra que não poderia ser diferente. De fato, experienciar um contexto atravessado pelas políticas prisionais, seja proveniente da instituição, seja proveniente da população carcerária ou de ex-detentos, inevitavelmente evidencia-se diante dos olhos a sacralidade conferida à noção de família. De todo modo, foi privilegiado nessas contribuições citadas o ponto de vista dos presos. A ênfase deste trabalho, diferentemente, foca-se nos enunciados das *cunhadas* a respeito do que os presos diziam sobre a ideia de família. Sim, ela era considerada sagrada como a literatura nos mostra. E era considerada sagrada, de acordo com as *cunhadas*, em virtude dos *sacrifícios* enfrentados na *caminhada*. Família, portanto, mais uma vez era a visita. Não obstante, especificamente aquela que enfrentava os *sacrifícios* derivados do evento-prisão. Apreende-se, dessa forma, que os *sacrifícios* alimentavam o sentido da *família*-sagrada. Elenco-os a seguir.

Durante todo o período de pesquisa de campo, presenciei diversas vezes as mulheres elucidarem discursos de autoria atribuída aos *presos* a respeito do *sacrifício*. Disse-me uma *cunhada*, "eles consideram a família sagrada por causa dos sacrifícios que a gente enfrenta pra tá aqui com eles". Para além desses discursos, as mulheres destacavam os elementos que, também para os presos (ainda que elas estivessem de acordo) constituíam o *sacrifício*: criar os filhos fisicamente longe dos pais, a ausência cotidiana do marido na vida da mulher, o desgaste das viagens para a visita, os gastos com o apenado, a veiculação de más notícias, as humilhações decorrentes do tratamento institucional (como abordado no capítulo 1), as relações

---
2   Cf. Rodrigues (2002) e Jozino (2004; 2008).

com a *sociedade* (que, nesse caso, referia-se às relações com o trabalho e com a família consanguínea. Relações não permeadas pelo *crime*). Esses elementos elencados pelas mulheres em consonância ao discurso dos presos eram, portanto, o que compunham a ideia de *sacrifício* na perspectiva da população carcerária de acordo com as *cunhadas* e, de modo a reconhecê-lo, garantiam o sentido de sagrado à *família*. Descrevo, dessa maneira, cada um desses elementos que compunham o *sacrifício* enfrentado pelas mulheres na *caminhada*.

Era sabido entre as colaboradoras de pesquisa que o evento-prisão conferia à mulher a responsabilidade de criação dos filhos – ainda que muitas mulheres não os criassem de fato ou, sequer, os tivessem. A despeito disso, elaborava-se o argumento de que, dentre os *sacrifícios* enfrentados pelas mulheres na *caminhada*, responder pelos filhos configurava-se como um deles. O que não significava, por outro lado, dizer que a presença do *preso* na vida familiar estivesse completamente suspensa. A figura masculina não era considerada ausente do cotidiano familiar. Mesmo que não estivessem fisicamente presentes no domicílio, os *presos* eram virtualizados na vida familiar, mediante a atuação direta nas diretrizes cotidianas da vida das mulheres. Esta atuação direta na vida familiar ocorria, para além das frequentes visitas, pelas cartas trocadas, pelos recados ou pelos telefonemas quando a cadeia "estava no ar". Em grande parte das narrativas das *cunhadas*, notava-se que os homens continuavam a ser responsáveis pelas decisões no âmbito familiar ou, ao menos, consultados a respeito das diretrizes a serem tomadas.

Desse modo, dizer que o evento-cadeia, em virtude da ausência física do apenado no cotidiano familiar, conformaria uma família nos termos da matrifocalidade, parece-me não ser suficientemente rigoroso. Em primeiro lugar porque a matrifocalidade ou, como sugerem Woortmann e Woortmann (2004: 2), as "unidades monoparentais com chefia feminina" foram por vezes vinculadas a determinações de classe. Os autores apontam que, a princípio, esse caráter matrifocal caracterizava as famílias das camadas mais pobres da população brasileira. Subsequentemente, em virtude da crescente participação da mulher no mercado de trabalho, ressaltam a existência destes "grupos domésticos" nas camadas médias no Brasil, assim como em outros países (: 76). Como indicado na introdução, dificilmente seria possível condicionar às *cunhadas* uma única e exclusiva classe social. Convivi com mulheres que diziam fazer parte de arranjos familiares considerados de classes alta e média. Filhas de médicos, empresários, funcionários públicos. Algumas mulheres tinham alto grau de instrução, outras nenhum. Esposas de políticos. Mulheres que viviam na periferia da cidade de São Paulo e obtinham rendimento do *crime*. Outras que também eram da periferia da capital paulista e frequentavam a universidade e/ou viviam de rendimentos provenientes de seus trabalhos. Advogada, doméstica, enfermeira, dona de casa, empresária, recepcionista, mulher "do corre", professora, cozinheira, estudante, babá, atendente, funcionária pública, manicure, fotógrafa. Definitivamente, era impossível condicionar às *cunhadas* uma determinada classe social. E se o caráter matrifocal condicionado aos arranjos familiares liga-se a determinadas classes sociais, certamente não respondem à realidade etnografada. As interlocutoras desta pesquisa exalavam diferenças por todos os poros, desde graus de instrução, profissões, tonalidades de pele, até convicções e cor dos esmaltes.

Em segundo lugar, esforços empreendidos a respeito do caráter matrifocal dos arranjos familiares, tal como caracterizado por Sarti (1996: 87), que sublinha a ausência do chefe familiar masculino (seja fisicamente, moralmente ou financeiramente) e a concentração de decisões e o sustento da casa na figura da mulher, ou mesmo, em um membro masculino de sua rede extensa de parentes ou ainda pesquisas que evidenciam o desempenho de múltiplos papéis das mulheres decorrentes da inserção no mercado de trabalho associada aos afazeres domésticos, o que ampliaria o poder feminino no que concerne à sua participação na família (Neves 1985: 204), igualmente não respondem aos enunciados partilhados pelas *cunhadas* que claramente sublinhavam o forte envolvimento do marido no cotidiano familiar, a despeito da ausência física proporcionada pela situação de cárcere.

Logo, ainda que não se tratasse de um arranjo familiar matrifocal nos termos que a bibliografia referida sugere, visto que existência do marido na vida familiar era reconhecida sem que se evidenciasse uma questão relacionada à ausência ou à presença física no domicílio, era certo que o evento-prisão propiciava uma centralidade à figura feminina concernente à condução das diretrizes familiares no *mundão*. Assim como também sugere Almeida (2003: 73) a respeito das configurações familiares em Montes Claros, onde a qualidade das mulheres em "segurar as pontas" (financeiramente, afetivamente ou cotidianamente) fazia com que fossem consideradas mais fortes do que os homens, o que, consequentemente, "leva-as a ter uma 'carga maior para levar nas costas'". Nesse sentido, conduzir a criação dos filhos durante a *caminhada*, de fato "uma carga maior para levar nas costas", nas palavras da autora, era reconhecido como um *sacrifício*.

Igualmente eram as *cunhadas* que respondiam aos gastos implicados na manutenção do evento-cadeia, como mencionado anteriormente, outro *sacrifício* enfrentado pelas mulheres na *caminhada*. Os custos com as viagens para o dia de visita, além da comida, do *jumbo* e do pecúlio.[3] Os gastos com sedex, com créditos para celular (quando a cadeia estava "no ar"), com selagens postais. Os honorários de advogados. Esses constituíam os gastos considerados básicos pelas mulheres que visitavam os seus maridos presos. "Em dez anos que ele tá preso já gastei 720 mil reais com o ladrão. Dói até o coração de pensar. Mas é claro que a maior parte quem levou foi o advogado", contou-me uma *cunhada*. Outras mulheres que participavam desta conversa concordaram que, em média, gastava-se 400 reais em um final de semana de visita. "Quando se tem a grana, né", ressalvou uma das interlocutoras.

Na mesma conversa, cada uma das mulheres contava as particularidades de sua *caminhada* (no sentido de trajetória de vida) e como faziam para ter dinheiro para visitar o *preso* e arcar com as despesas do

---

3   Lista de produtos comercializados na prisão que não podiam entrar nos *jumbos*.

evento-prisão. Muitas diferenças afloraram. Algumas mulheres disseram ter o orçamento restrito ao salário mensal proveniente de seu trabalho. Outras disseram receber suporte da família consanguínea ou mesmo da família consanguínea do marido. Outras ainda enfatizaram viver de rendimentos deixados pelo *preso* anteriores ao evento-cadeia. Só não houve alguém que dissesse viver do auxílio reclusão.[4]

Esses elementos elencados pelas *cunhadas* sobre como obtinham rendimentos para arcar com os gastos do evento-prisão, combinados ou de modo individual, não são relevantes para as intenções deste trabalho. Antes, a preocupação é salientar os elementos que compunham a noção de *sacrifício* para as mulheres, como a preocupação com os gastos provenientes da *caminhada*. O que era reconhecido pelos apenados e, portanto, conferia sacralidade à "família".

A veiculação de más notícias do *mundão* para "o outro lado da muralha" também configurava um *sacrifício* da *caminhada*, de acordo com os discursos das mulheres a respeito das considerações dos presos. Comunicados de morte de parentes, parceiros e amigos. Comunicados de doenças, problemas cotidianos em geral e notícias sobre o andamento do processo do apenado ficavam a cargo das *cunhadas* que sempre ressaltavam a dificuldade em desempenhar esse tipo de função:

---

4   O auxílio-reclusão é um benefício garantido pela previdência social aos dependentes dos segurados que se encontram em situação de cárcere. Para que seja concedido o benefício, o segurado deve estar em dia com as suas contribuições mensais à Previdência Social. Além disso, não pode ser acumulado com o salário da empresa em que trabalhava, com auxílio-doença, aposentadoria ou abono de permanência em serviço. O salário de contribuição (vigente na data da prisão) deverá ser igual ou inferior à R$ 971,78 (a partir de janeiro de 2013). O valor do benefício corresponde à média dos 80% maiores salários de contribuição do período contributivo (a contar de julho de 1994). O valor não varia de acordo com o número de dependentes. Portanto, ele é dividido e não multiplicado. Por último, os dependentes devem se apresentar à Previdência Social de três em três meses com o atestado de que o trabalhador permanece preso. Para mais informações consultar: <http://www.previdencia.gov.br/conteudoDinamico.php?id=22>

Não é fácil dar esse tipo de notícia. Dizer pro preso que ele foi condenado a 25 anos e vai passar muito mais tempo aí dentro do que a gente tava imaginando, não é nada fácil. Nós, as mulheres, temos que ser fortes e tentar não chorar na frente deles, porque já basta o sofrimento e o veneno da cadeia que eles passam.

Não raramente deparei-me com mulheres aos prantos momentos antes da visita na tentativa de elaborar uma maneira de dizer ao preso que ele havia sido condenado em processos que aguardavam julgamento e que, somados, sua pena aumentaria em muitos anos. Notícias de falecimento também deixavam as *cunhadas* visivelmente angustiadas. Como uma das mulheres ressaltou, "é como se a gente levasse mais sofrimento pra eles. É horrível ter que passar por isso". Esse sentimento ruim que tomava as *cunhadas* diante da necessidade de veiculação de más notícias aos *presos* constituía outro *sacrifício* da *caminhada*.

As mulheres também se emocionavam quando o assunto era a ausência física do marido no cotidiano familiar. Tanto quanto a "vida dupla" que muitas vezes eram condenadas a levar, como uma *cunhada* colocou quando perguntei se em seu emprego as pessoas sabiam que ela estava na *caminhada*:

Pelo amor de deus, menina! Ninguém pode sonhar com isso lá. Sou enfermeira em um consultório particular. Os médicos me demitem na hora se souberem que meu marido está preso. Existe muito preconceito com isso. Fora que se acontecer qualquer coisa, um assalto, sumir dinheiro, com certeza a culpa é da mulher do ladrão. Você tem dúvida?

Esses problemas com a *sociedade*, como costumavam dizer as mulheres, que as faziam viver uma "vida dupla" em relação aos seus trabalhos, eram também evidenciados em suas relações consanguíneas.

Quando o meu marido foi preso eu fiquei em choque. Não fazia ideia das coisas que ele fazia e não acreditava em tudo o que estava acontecendo. No início relutei em visitar. Disse que não iria de jeito nenhum, mas ele passou três meses insistindo por cartas. Conversei com uma amiga que me incentivou a ir. Eu disse que não tinha coragem de entrar numa cadeia. Ela insistiu, achava que era de boa, apesar de também nunca ter entrado em uma cadeia. Pedi a ela que fosse primeiro pra me dizer como era. Ela topou e imediatamente mandou a documentação pra cadeia. Isso me deu coragem, mas como o nome dela estava no rol dele, tive que entrar no rol de outro preso. Quando se passaram os meses para que ele pudesse tirar o nome da minha amiga e colocar o meu, meu nome berrou [tornou-se público que ela havia visitado no nome de outro preso], porque, pro diretor da cadeia eu era a mulher do outro preso. Aí não teve como, ele disse que só liberava a visita se eu casasse. Então tive que casar. A minha família não faz ideia, aliás, eles acham que desde que ele foi preso não tivemos mais contato. Eles nunca iriam aceitar. Toda sexta-feira arrumo as minhas coisas e viajo direto da faculdade. Chego em casa no domingo e a minha família acha que eu sou super baladeira.

 À fala da *cunhada* misturavam-se sentimentos como angústia e coragem, visto que o *sacrifício* em omitir a *caminhada* de sua família consanguínea exigia grande determinação em prosseguir com aquilo que era tão sofrido de ter, no caso, o relacionamento com o *preso*.

 De acordo com as elucidações das *cunhadas* sobre o que compunha essa noção de *sacrifício*, como vimos, a responsabilidade sobre a criação dos filhos, os gastos com o apenado, a veiculação de más notícias, os problemas com a *sociedade* que derivam em angústia e coragem, a ausência do apenado no dia a dia e a suspeição proveniente do tratamento institucional (desenvolvido no capítulo 1), ao serem reconhecidos pela população carcerária, conformavam a sacralidade atribuída à "família" pelos presos. *Sacrifício*, no contexto etnografado, baseado em todos esses elementos elencados pelas mulheres, deslindava um sentido de dificuldade, talvez de obstáculos, ou mesmo de sofrimento. Do modo como era experienciado pelas *cunhadas*, o *sacrifício* não sugeria um sentido sociológico, permeado pela ideia de renúncia, remissão ou abnegação, como analisado por Mauss e Hubert (2005: 103) a respeito da unidade do sacrifício religioso. A essa noção clássica de sacrifício compreende-se o sentido de "função social".

Dado seu caráter complexo ao manifestar-se sob uma diversidade de formas a estabelecer conexões entre o mundo sagrado e o mundo profano por meio de uma vítima (um elemento intermediário), de uma coisa a ser destruída durante a cerimônia. Além disso, os autores sugerem que "não há sacrifício em que não intervenha alguma ideia de remissão" (: 105), o que promove à noção sentidos fundamentados no perdão, em "dar como pago", em abrandamento, em renúncia de interesse, de vontade e de conveniência própria (: 106-8).

O sentido atribuído ao *sacrifício* na realidade etnografada, também se distancia das importantes contribuições de Lévi-Strauss (2008) ao tema. O autor sugere ao sacrifício um caráter contínuo, na medida em que a série de espécies naturais representaria um papel intermediário entre sacrificador e divindade que, antes disso, não possuíam qualquer correspondência (: 249). Logo, a "sacralização da vítima" estabelece uma relação entre homem e divino, rompida pelo aniquilamento da vítima e consequente benefício esperado (: 250-1). Para o autor, portanto, o princípio do sacrifício é a substituição.

Em vista disso, diferentemente dos sentidos clássicos atribuídos à noção de sacrifício, seja renúncia ou substituição, seja função social ou continuidade, os enunciados das *cunhadas* sobre o *sacrifício*, em consonância ao reconhecimento dos apenados, conferiam à noção sentidos como de obstáculos, dificuldades, preocupações e sofrimento. Parece-me que esses sentidos aproximam-se, antes, do que Mayblin (2010) identifica em seu contexto de pesquisa, em Santa Lucia, agreste pernambucano. A autora mostra como os sacrifícios, enquanto narrativas, eram elaborados e publicizados de modo a equilibrar os atos considerados "de violência e transgressão moral" (2010: 2). Estes sacrifícios estavam diretamente ligados à seca que afeta a região e ao dispêndio de trabalho em determinadas épocas do ano, na medida em envolvia a "doação de líquidos corporais", a materialização de sangue, suor e lágrimas, que se misturavam em uma luta conceituada como uma forma de sacrifício, "um verdadeiro derrame de líquidos corporais em serviço dos outros" (2013: 47). Nesse sentido, a ideia de sacrifício apresentado pela autora aproxima-se do modo como era formulado pelas *cunhadas*. É possível, ao menos provisoriamente, relacionar o que a autora chama de "doação de líquidos corporais" às dificuldades enfrentadas na *caminhada*. Contudo, Mayblin (2013: 53) chama atenção para o fato de o sacrifício em Santa Lucia não ser construído unilateralmente e, portanto, na prática, por meio do retorno em alimentos e água, os líquidos agiam como substituto contínuo para o sacrifício final.[5]

Logo, continuidade e substituição informam as análises de Mayblin sobre o sacrifício em Santa Lucia. E, em vista disso, apreende-se que a "doação de líquidos corporais" relacionava-se, antes que às dificuldades ou aos sofrimentos diários, à renúncia. Sacrifício por renúncia, divergentemente do *sacrifício* entre as *cunhadas* que sugiro se tratar de adesão. Era a adesão à *caminhada* que promovia o *sacrifício*. As mulheres demonstravam convicção em enfatizar que era por "não abandonar o preso" que elas enfrentavam os *sacrifícios*. "Não abandonar o preso" significa estar/fechar/entrar na *caminhada*. As considerações das *cunhadas* inegavelmente privilegiavam o desejo em estar com o *preso* (a despeito das intencionalidades variadas que fundamentavam estes desejos) como justificativa aos *sacrifícios* enfrentados. Por outro lado, é verdade que a adesão à *caminhada* poderia, igualmente, figurar uma renúncia aos modos de existência não atravessados pelo evento-prisão. Uma renúncia à *sociedade*, como poderiam dizer

---

5 Mayblin explora as análises de Willerslev (2009) sobre o sacrifício entre os Chukchi do nordeste da Sibéria para desenvolver o seu argumento.

minhas interlocutoras. Contudo, os *sacrifícios*, as dificuldades, os sofrimentos, só existiam à medida que existia um *preso*. Um *preso* com quem se fecha a *caminhada*. Mesmo porque uma renúncia à *sociedade* poderia se dar de outras maneiras (como fechar com o *crime*, por exemplo), o que não prefiguraria estes mesmos *sacrifícios*. As viagens *sacrificantes*, as noites mal dormidas, as malas e os *jumbos* extremamente pesados. Criação dos filhos, espera na fila, revistas humilhantes, más notícias, "vida dupla", além das constrangedoras condições de visita íntima dentro das celas (que ainda não havia mencionado), onde os casais eram separados por lençóis para terem o mínimo de privacidade (os chamados "quietos"). *Sacrifícios* enfrentados pelas *cunhadas* por desejarem estar com o preso. Desejo que as faziam aderir à *caminhada*. *Sacrifício* por adesão, mas, ainda assim, em conexão ao sagrado como a análise clássica sugere. Visto que era em virtude dos *sacrifícios* enfrentados que se conferia o caráter sacro à "família".

Como dito no início do capítulo, sucessivamente à análise da sacralidade atribuída à "família" decorrente dos *sacrifícios* implicados na adesão à *caminhada*, a observação passaria a se concentrar nos enunciados sobre ter ou não ter *proceder* e sobre *disciplina*. As formulações das mulheres sobre estes enunciados emanavam da relação entre *preso-cunhada*, assim como o *sacrifício* e a *família*-sagrada. Além disso, as opiniões dissonantes entre as *cunhadas*, a respeito das mulheres que de fato enfrentavam os *sacrifícios* da *caminhada*, sugeriam que o desempenho dos *sacrifícios* manifestava-se também como medida avaliativa para o reconhecimento do *proceder*, como mostrarei a seguir.

A extensão da *disciplina* e as negociações de saberes acerca do *proceder*

Na frente dos portões que nos separavam dos presídios, sentadas no lençol e enroladas em mantas no único lugar iluminado em toda a extensão da porta da cadeia, a conversa com as *cunhadas* rendeu até o meio da madrugada de sábado para o domingo até que não mais suportamos o frio. Sem barracas, a única opção alternativa à congelar era tentar um espaço dentro do ônibus. No caminho até o veículo passamos por grupos de mulheres que escutavam funk, dançavam, consumiam bebidas alcoólicas, riam alto, ao mesmo tempo em que deixavam claro, "meu marido sabe que eu bebo, sabe de tudo o que eu faço. Então, não adianta recalcada querer me arrastar que não vai ter audiência". Paradas na porta do ônibus, havia mulheres que se diziam ofendidas com a situação e, entre mãos a sustentar o queixo e olhares para cima de indignação, uma *cunhada* não perdeu a oportunidade de comentar:

> Se os meninos lá dentro ficam sabendo do que está acontecendo aqui na porta, vai pras ideia [Para discussão entre os presos, para o *debate*]. Tem muita mulher aqui que o marido não dá disciplina, sabe? Elas precisam de disciplina. Elas não têm proceder.

Não convencida desse comentário, outra *cunhada* expressou sua opinião:

> Não é tudo que eles [os presos] precisam saber. Tem que parar de levar tudo o que acontece aqui fora lá pra dentro. Fazer fofoca? Isso parece fofoca porque não é da nossa conta. E o proceder? Não vê que no fim é consequência pra gente? A gente se ferra cada vez mais com isso. Eles não têm que saber o que acontece aqui fora.

As falas das *cunhadas* evidenciam duas noções frequentemente presentes nos discursos das mulheres: *disciplina* e *proceder*. De acordo com a situação narrada acima, à *disciplina* atribuía-se um sentido de concessão. Entende-se que, por meio da *disciplina*, algo poderia ser conferido às mulheres, como indica a frase, "tem muita mulher aqui que o marido não dá disciplina". O fato de as *cunhadas* agirem de modo que, supostamente, os presos não aprovariam, de acordo com o que sugere a narrativa transcrita, poderia ser reconfigurado satisfatoriamente caso os maridos dessem *disciplina* às suas mulheres. Em outras palavras, caso o *preso* orientasse a conduta da *cunhada*. Nesse sentido, *disciplina* pode ser entendida como sinônimo de ética. A ética esperada das mulheres que estavam na *caminhada*. Presenciei outras situações que reiteram esse argumento. Em uma manhã no trailer de Leo e Simone à espera que os portões das penitenciárias fossem abertos, uma *cunhada* derrubou seus óculos escuros no chão que, imediatamente, foi dilacerado por uma criança a caminhar distraída. A mulher ficou furiosa. Recolheu os pedaços e, aos gritos, atiro-os para bem longe: "estes óculos foram caríssimos". Um silêncio loquaz se fez diante dos olhares inquietos e expressivos dos que assistiam a cena. Até que a *cunhada* estivesse distante o suficiente para não mais ouvir o que se falava no trailer. Uma *cunhada*, então, mostrou-se indignada: "isso é mulher de irmão? Cadê a disciplina?". Em outras palavras, a *cunhada* ressaltava a recorrente associação entre a *disciplina* e necessidade de orientação do apenado.

Logo, a *disciplina*, assim como a ética, conformava um solo referencial às *cunhadas* a orientar seus comportamentos (o que se fala e modos de agir) diante das circunstâncias do evento-cadeia. *Disciplina* entendida como um solo referencial à medida que tal orientação confunde-se com um material inconsolidado, onde se cultivam e podem nascer plantas, antes do que prescrições sólidas ou normas impermeáveis. Nesse sentido, a *disciplina*, conforme apontavam as *cunhadas*, marcava o tom dos estabelecimentos penais no que concernia ao ato de visitar: "o jeito que acontece a visita íntima no barraco depende da disciplina da cadeia", disse-me uma interlocutora. As mulheres foram enfáticas a respeito das variações da *disciplina* conforme a instituição prisional em que realizam visita. Além de diferenças, houve quem apontasse a possibilidade de ausência de *disciplina* nas cadeias:

> Nunca vi! Você está lá, nua, e os cara tão na porta do barraco 'salve, tem um prato de comida? Salve, tem um prato de comida?'. Que salve prato de comida, o

quê! Eu mandei ir preso? Não mandei, né? Então, a minha comida não come. Eu jogo na privada se sobrar, mas não dou. Não tenho dó, não. Pode falar que eu sou ruim. Sou ruim mesmo. Não vou sustentar bandido. A sorte do meu marido é que ele me tem, porque se não tivesse ia comer a comida da casa [da cadeia]. A casa dá comida, ué! Quer comida da rua? Vai atrás de um alvará de soltura. E vê se não vai preso de novo. Uns dois anos atrás não tinha essa bagunça na cadeia. Tinha disciplina. Ninguém entrava no barraco, te atrapalhava nas intimidades para pedir comida. Agora não tem mais respeito.

A noção de *disciplina*, desse modo, era articulada como uma referência de conduta a ser seguida. Ela aparecia como uma superfície de contato de onde brotava o *proceder*. Não que para ser considerada uma mulher de *proceder* as *cunhadas* caminhassem sem desvios conforme as disposições da *disciplina*, até porque não se sabia claramente quais eram elas. Ao contrário disto, era mediante negociações e táticas que as *cunhadas* colhiam as orientações que conformavam a *disciplina*, para que, de tal modo, se reconhecesse uma mulher de *proceder*.

Não obstante, além de comumente mobilizada como sinônimo de ética, à noção de *disciplina* também se atribuía um sentido de ação, evidenciada pela associação precedente do verbo "estar" ao termo. Como sugere a letra da música tantas vezes ouvida e cantada por algumas mulheres na fila para a visita,

O seu amor me coroou rainha
Sou toda sua e tô na disciplina
E logo chega a tua liberdade
Pois quem é rei nunca perde a majestade

(A Te Esperar, Mc Romeu)

Estar na *disciplina*, na medida em que compreendia uma ação, significava o desempenho de uma orientação de conduta que, como indicado, era estendida do *preso* à *cunhada*. Para aclarar o argumento, volto às análises do capítulo 1, onde mostrei que da ação implicada em fechar/entrar/estar na *caminhada* compreendia-se a realização de procedimentos específicos como a frequência na visita, o *jumbo* e a comida, que chamei de enunciados éticos visíveis da *caminhada*. Estar na *disciplina*, de modo distinto e complementar a estar na *caminhada*, compreendia o desempenho de uma orientação de conduta que não era claramente identificada, que não se verificava nitidamente diante dos olhos. Ela era produzida circunstancialmente, à medida que germinava da *disciplina* entendida como "ritmo", aquela que marcava o tom (estabelecia diferenças ou ausências) nos estabelecimentos penais e prolongava-se do apenado para sua visita. E, ao se estender satisfatoriamente, conferia um predicativo positivo às mulheres, equivalente a ter *proceder*. Em resumo, *disciplina* como sinônimo de ética divergia e complementava a *disciplina* produzida como efeito, assim como ter *proceder*.

Estar na *disciplina*, ou ter *proceder*, acentuo, suscitava uma adjetivação positiva atribuída às mulheres. A fala da *cunhada* "Isso parece fofoca porque não é da nossa conta. E o proceder?", da situação apresentada no início deste subcapítulo, informa que a atitude de dizer ao *preso* tudo o que acontecia na porta da cadeia, não necessariamente qualificava a mulher como alguém de *proceder*. O diálogo em desacordo das *cunhadas*, a respeito das mulheres que dançavam e bebiam na porta da cadeia, explicita que, de antemão, não se estabeleciam os elementos que desenhavam uma mulher de *proceder*. Sabia-se que, segundo a orientação, não se devia consumir bebidas alcoólicas, dançar ou ouvir funk na porta da cadeia. Todavia, sabia-se também que fazer fofoca não correspondia ao que se esperava do *proceder* de uma mulher. Nesse sentido, ter *proceder* não se constituía como algo que poderia ser imposto às mulheres. Antes, ele se manifestava como um compósito de ações constrangidas em consonância a um enunciado ético negociado entre as *cunhadas*, a *disciplina*. Compreende-se que ter *proceder* era uma questão *moral* (cf. capítulo 1).

Esses constrangimentos configuravam-se em virtude do caráter extensivo conferido ao *proceder* na relação entre mulheres (*cunhadas-cunhadas*). Em uma das tardes de sábado na cozinha da pensão, vestida de *baby-doll*, uma *cunhada* preparava a comida do *preso*. Indignada com a vestimenta da *cunhada* que cozinhava, outra mulher disse que levaria

a situação pra dentro da cadeia. Onde já se viu? E o proceder? Tem homem aqui na pensão e eles vão achar que todas as mulheres de presos são assim... gostam de se insinuar. Isso não tá certo. Os meninos [presos] precisam saber. O marido dela tem que passar a disciplina.

A *cunhada* mostrava-se preocupada com a possibilidade de associação das *cunhadas* em geral, com a mulher que cozinhava de *baby-doll*. Uma atitude por ela considerada insinuante e que, portanto, colocava em questão o *proceder*. A todos os constrangimentos evidenciados, saberes específicos eram formulados sobre o que era ter *proceder*. Afinal, ter *proceder* era não dançar na porta da cadeia? Não beber ou ouvir funk? Ou era não fazer fofoca? Não cozinhar de *baby-doll* em ambientes com a presença masculina? No plano discursivo todos esses enunciados poderiam ser considerados ético*s*, condizentes com a *disciplina* e, portanto, capazes de conferir o reconhecimento do *proceder* de uma *cunhada*. Na prática, estes enunciados eram mobilizados taticamente pelas mulheres, como explicitado nas falas transcritas acima, de modo a garantir a homogeneidade característica da ética/*disciplina*: "Fazer fofoca? Isso parece fofoca porque não é da nossa conta. E o proceder?", ressaltou a *cunhada* de modo a desequilibrar o argumento de sua interlocutora que afirmava, a respeito das mulheres que dançavam e bebiam na frente do estabelecimento penal, em virtude de tal atitude, que não tinham *proceder*. Dificilmente as mulheres dissolveriam esse dilema sem que se promovesse um *debate*, como mostrarei adiante. Contudo, antes de atomizarem um enunciado ético coerente, ao sobreporem argumentos que operavam desestabilizações, as *cunhadas* experimentavam um pluriverso *moral* (cf. capítulo 1).

Visto que as mulheres colhiam taticamente as orientações de conduta que lhe serviam para garantir os saberes mobilizados a respeito do *proceder*, parecem-me inesgotáveis as possibilidades de entendimentos sobre o que era ter *proceder*. De mesmo modo, a respeito de seu contrário e suas variações. Não me parece possível compreendê-lo, portanto, sem que se privilegiasse uma perspectiva específica. Ter *proceder* era ato e, assim como os atos ou os atributos de gênero descritos por Butler (2003), "performativo". Afinal, face ao modo como as *cunhadas* mobilizavam os enunciados éticos de onde brotavam a possibilidade de reconhecimento do *proceder*, descartava-se a preexistência de um modelo capaz de o regular. Ao favorecerem a desestabilização de um argumento à sua atomização, as *cunhadas*, de fato, constituíam aquilo que desejavam manifestar sobre o que era considerado ter *proceder*. "Não haveria atos de gênero verdadeiros ou falsos, reais ou distorcidos" (Butler 2003: 201). Se ter *proceder*, assim como as considerações da autora sobre o gênero, tornava-se passível de atribuição via atos instáveis, desestabilizados ou "descontínuos", "então a aparência de substância é precisamente isso (...), uma realização performativa" (: 200).

Entre os presos, um dos pontos de vista privilegiado por Marques (2009), à noção de *proceder* frequentemente não se associa a ideia de ação. Como sugere o autor, "Utilizam-na, antes, como um atributo do sujeito, ou ainda, como um substantivo". Nesse sentido, ou se tem *proceder* ou se fala do *proceder*, este último a estabelecer uma relação complexa entre conduta, respeito e atitude, e o primeiro a combinar um sujeito a este *proceder* entendido como substantivo (ver também Marques, 2010: 315). Entre as *cunhadas*, ponto de vista privilegiado nesta etnografia, como demonstrado, ter *proceder* era ato ações conjuntamente linguísticas e não linguísticas, constrangidas, que atribuíam adjetivações positivas às *cunhadas*.

De todo modo, como já mencionado, havia um mecanismo capaz de estabilizar um enunciado ético acerca do *proceder*. Um mecanismo capaz de dissolver o dilema promovido pelo embate performativo entre os saberes acerca do *proceder* formulados pelas *cunhadas*. Capaz de estancar um saber a respeito do que era ter *proceder*, a despeito da produção de uma essência de onde emanavam as prescrições sobre como agir para que se reconhecesse seu atributo, nas palavras de Morawska Vianna (2014) – acerca da preocupação de seu trabalho com as "composições de mundo" (o mundo composto pelos atores) antes do que com "o mundo dado" –, "ao invés da atenção ao processo de modificação de algo relativamente fixo (ou minimamente estável), o foco torna-se o processo de fixação (...) de algo que está sempre em escape" (: 24), este mecanismo era o *debate*.

O funcionamento do *debate*
A produção de uma mulher de *proceder*

No caminho para a fila na porta da cadeia, na noite de sábado, duas *cunhadas* conversavam alto no ônibus. Inevitavelmente, pudemos ouvir que o assunto era sobre a pensão. Consideravam injusto o preço da estadia, visto que "nem dormimos na pensão". Também comentavam as condições da cozinha, "pequena, com poucos utensílios e poucas bocas de fogão"; além da "bagunça em geral" do estabelecimento, do "monopólio do canal da TV", da "falta de organização dos quartos". "Sempre tem gente nos quartos que eles dizem estar vazios e dá confusão", declarava a *cunhada* 1 antes que fosse interrompida por uma terceira *cunhada* claramente irritada:

Cunhada 3: Se não tá contente, fica em outra pensão. Reclama com a dona, mas não fica falando por trás.

Cunhada 1: Tá defendendo, por quê? Para de defender o que não é seu!

As duas iniciaram uma briga que não acabaria ali. Gritaram, ofenderam-se, até que uma quarta *cunhada* interrompeu a confusão:

Cunhada 4: É o seguinte... vocês podem brigar, gritar e se ofender, mas ninguém aqui tem nada a ver com o problema de vocês, né? Ninguém é obrigado. Então vocês tratem de se acalmar e respeitar as outras pessoas que estão no ônibus. Todas sabemos que não podemos brigar aqui, tratem de resolver isso de outra maneira.

A *cunhada* 1 dizia que a *cunhada* 3 era a culpada pelo infortúnio por não ter *proceder* e se intrometer na conversa que não lhe desrespeitava. Assim, deveria se desculpar. Contrariamente, a *cunhada* 3 atribuía a responsabilidade do infortúnio à *cunhada* 1 que, segundo dizia, não tinha *proceder* por primeiro levantar a voz. Igualmente, exigia desculpas. Como não entraram em um consenso a respeito de quem, afinal, tinha *proceder*, decidiram passar a *caminhada* para os respectivos maridos:

> *Cunhada* 1: Eu peço desculpas, mas só se o meu marido disser que eu não estou pelo certo. Não passo por cima da decisão do meu marido. Se ele achar que eu devo, peço desculpas. Vamos ao debate!

As duas *cunhadas* não se falaram mais naquela noite. Ainda a caminho da cadeia, formaram-se alguns grupos que não puderam deixar de comentar o ocorrido. Comentários bastante discretos, afinal, estava dado que qualquer palavra mal interpretada poderia fortalecer a discussão. O ônibus parou em frente à barraca de Leo e Simone que, naquele horário, ainda não serviam seus saborosos "lanches" na chapa. Éramos o vigésimo terceiro veículo da fila, o primeiro ônibus de excursão. Essa era uma das metas das *cunhadas*, ser a primeira excursão a entrar na cadeia na manhã de domingo para, o quanto antes, estarem com o *preso*. Desci do ônibus com algumas mulheres e o assunto ainda era o desentendimento das duas *cunhadas*. O frio era intenso, mas ainda assim esticamos um lençol próximo ao portão de acesso às penitenciárias, o único lugar iluminado em toda a extensão da fila. Sentadas enroladas em mantas, com um impetuoso vento a cortar nossos rostos, elas me explicavam o desdobramento da discussão das *cunhadas* no ônibus, ao ser "levada pra dentro da cadeia":

Cada cunhada vai contar sua versão ao marido. Depois eles trocam uma ideia. Só os dois. Se não chegarem a um acordo, se não for decidido, entre os dois, quem tá pelo certo, outros irmãos entram no debate. Eles falam com suas esposas e escutam as versões de outros presos que também conversaram com suas mulheres. São as testemunhas, né? Quem presenciou a situação. Levando em conta todas as versões, eles decidem quem tá pelo certo. No debate tudo é levado em consideração. Não só o que se diz, mas o jeito que se diz. Todos sabem que quem gagueja tá mentindo. No fim do debate sai um aval, no caso de hoje acho que não terá cobranças ou interdições, nem vão pedir provas, nada, por se tratar de uma discussão entre cunhadas, de um desentendimento que é grave porque desrespeita as outras visitas, mas não é como uma traição ou uma atitude que arrasta o nome dos presos.[6]

De acordo com o argumento já apresentado no capítulo 1, estar na *caminhada* conduzia às mulheres a elaboração de enunciados *éticos* que atualizavam um cuidado e uma preocupação com o apenado. Um constrangimento, qualquer rumor que desse margem a questionamentos sobre os procedimentos desempenhados pelas *cunhadas* em consonância a esta ética esperada, evidenciava uma implicação *moral*. Dito de outro modo, colocava-se em dúvida a existência do *proceder* como indicado no exemplo transcrito, em que o *proceder* das *cunhadas* fora publicamente posto em suspeição (uma por elevar a voz e outra por interferir no diálogo alheio). O *debate*, então, era instaurado como um mecanismo capaz de orientar a construção de moralidades específicas entre as *cunhadas* ao estabilizar uma

---

6   A possibilidade de presenciar um debate durante a realização da pesquisa era inexistente, visto que ele acontecia dentro da cadeia e entre os homens. Há casos, sim, de mulheres chamadas a falar, mas, no geral, dizia-se acontecer entre os presos.

imagem ética que as reconhecia como uma mulher de *proceder*. Por meio do *debate*, como se verá, dissolviam-se os possíveis dilemas instaurados pelos embates performativos promovidos pelas *cunhadas*, ao eleger um saber a respeito do *proceder* em detrimento aos demais formulados.

Ao se desdobrar no posicionamento dos presos a respeito do *debate*, Marques (2009: 73) sugere sua qualidade em conformar alguém de *proceder*, especificamente, no *crime*. Desse modo, ao serem cobrados da "verdade", os protagonistas do *debate* devem "provar" que estão "pelo certo" sem, contudo, "caguetar". Neste contexto etnografado pelo autor, o *debate* instaura-se como justificativa para que não haja "injustiça", ainda que não exista uma "verdade" de antemão, sendo esta "uma dimensão de estratégias" (: 82). Estas contribuições são centrais para a reflexão aqui empreendida, ainda que a concentração deste trabalho seja nas composições e nos efeitos do *debate* no que tange às *cunhadas*. Para além desse esclarecimento, sublinho ao leitor que o interesse desta análise não se situa nas decisões ou consequências do *debate*, mas, antes, nas articulações e orientações que emanavam deste processo vivido pelas *cunhadas*.

De volta à análise do *debate*, Marques aponta a não elaboração de uma verdade de antemão, além do fato de que os protagonistas devem "provar" que estão "pelo certo". No mesmo fluxo corre a explicação da *cunhada* transcrita acima, "Levando em conta todas as versões, eles decidem quem tá pelo certo". A verdade era uma questão de produção, uma "dimensão de estratégias" como sublinha Marques (2009). O *debate* envolvia avaliação e articulação de versões, de argumentos e também de comportamentos, como enfatiza a *cunhada*: "No debate tudo é levado em consideração. Não só o que se diz, mas o jeito que se diz. Todos sabem que quem gagueja tá mentindo". Como outra interlocutora mencionou:

> Tudo é levado em conta no debate. A trajetória de vida dos envolvidos, a maneira como se fala, a suor, a gagueira. Tem que ser rápido, sabe? Não pode dar tempo pro outro pensar porque ele entra na sua mente. É

importante estar calmo e não cair nas contradições que vão fazer aparecer.

Uma "metamorfose interpretativa", como sugere Holbraad a respeito do Ifá (2003). Parece-me viável relacionar as reflexões do autor acerca do caráter constitutivo da interpretação na definição da verdade oracular. Ainda que, diferentemente do *debate*, essa verdade seja conhecida de antemão. Por meio da interpretação de versões e comportamentos articulados, do *debate* resultava-se a "verdade" ou o "certo". Como, nas palavras de Holbraad, um evento produzido pelo "encontro de trajetórias causalmente independentes de sentido" (: 65). Um embate performativo, visto que no *debate* não se falava necessariamente das mesmas coisas (no subcapítulo anterior mostrei como as *cunhadas* estrategicamente desestabilizavam o argumento umas das outras a respeito do *proceder* ao salientarem distintas possibilidades de compreensão, diferentes saberes) e tampouco se mobilizava os mesmos elementos (no último caso analisado, enquanto uma *cunhada* questionava a existência do *proceder* de uma mulher relacionando-o à sua intromissão no diálogo, a outra ressaltava a elevação da voz). Logo, verificava-se um deslocamento, nas palavras de Toledo (2010) acerca do discurso esportivo-normativo do profissionalismo no futebol, do "epicentro das sensações imanentes vividas pelo e no corpo para as objetivações da mente" (: 178).

O *debate*, portanto, produzia uma verdade que, como ressalta a explicação da *cunhada*, podia se encerrar no acordo entre os maridos das protagonistas da situação: "Cada cunhada vai contar sua versão ao marido. Depois eles trocam uma ideia. Só os dois". Dessa maneira, caso houvesse consenso entre os maridos das protagonistas a respeito de como conduzir as versões sobre o ocorrido, colocava-se fim ao *debate* com um "aval", a deliberação do "certo", fruto de um comum acordo. Todavia, caso houvessem divergências entre os maridos das mulheres envolvidas no acontecimento, "outros irmãos entram no debate" e entravam em cena as "testemunhas" e as "provas", provenientes das mulheres que presenciaram o ocorrido.

A testemunha, antes de dizer a verdade sobre um fato, associava-se favoravelmente a uma das versões formuladas sobre o acontecimento. As mulheres chamadas a testemunhar podiam também adicionar elementos até então desconhecidos à discussão, o que correspondia à formulação de uma nova versão a ser avaliada. Seja como for, como explicitado anteriormente, não havia verdade que antecipasse o *debate*. Nenhuma versão, a despeito de ser formulada por protagonistas ou testemunhas, era tomada como essencialmente verdadeira. Além disso, não havia qualquer assimetria de avaliação entre as versões apresentadas ao *debate*. Segundo as mulheres, todos os pontos de vista eram tratados com mesmo peso e medida pelos *presos*. As testemunhas, assim como as protagonistas, entravam no jogo estratégico do *debate* e corroboravam a autenticação de uma das versões elaboradas sobre o evento ocorrido.

De modo equivalente à condução do testemunho, a mobilização de provas elegia uma das versões sobre o acontecimento como "certo" e colaborava para seu reconhecimento enquanto tal. As provas deviam ser apresentadas em 15 dias (ouvi também 10 e 5 dias) a contar do momento em que a situação era levada ao conhecimento dos presos e podiam igualmente instaurar um novo ponto de vista sobre os fatos. As provas envolviam-se no jogo de constituição de "verdade".

Contudo, diferentemente do testemunho que garantia às versões uma avaliação simétrica, diante das provas abria-se a possibilidade de estancar a constituição de outras versões como o "certo". A depender das provas evidenciadas, ao se associarem favoravelmente a uma versão em detrimento às outras, conduziam a esta versão eleita uma avaliação que a colocava mais próxima de reconhecimento como "certo". Não obstante, de acordo com minhas interlocutoras, dificilmente uma prova, de modo irreversível, era capaz de legitimar um ponto de vista:

> Não sei, acho que é preciso uma foto inquestionável, um flagra gravado para que a envolvida não consiga articular um argumento pelo certo. Nem assim, porque

com tudo isso, se a mina for ligeira, blindar a mente e não cair em contradição, ela ganha o debate.

Ser "ligeira", "blindar a mente" e "não cair em contradição" eram os elementos que, de acordo com a *cunhada*, garantiam a produção de "verdade" em um *debate* cujas protagonistas eram as mulheres dos apenados. Decerto, "não cair em contradição" é um elemento de sentido evidente ao leitor. Sugere-nos que a versão apresentada ao *debate* tinha suficiente consistência a ponto de ofuscar suas brechas. Ser "ligeira", contudo, significava ser perspicaz, ter sagacidade, o que certamente era indissociável à ideia de "blindar a mente" e "não cair em contradição". "Blindar a mente" significava não deixar-se influenciar por terceiros, fosse por seus argumentos, fosse por suas atitudes. Significava impedir que qualquer envolvimento externo pudesse prejudicar o desempenho tático e estratégico. Do manejo destes elementos a compor as versões analisadas no *debate*, configurava-se um "aval" que, além de produzir uma "verdade" e evidenciar uma mulher de *proceder*, podia, ainda, estabelecer "cobranças" e/ou "interdições", como sugere a narrativa da *cunhada*: "no caso de hoje acho que não terá cobranças ou interdições".

Em virtude da quantidade de material a respeito das cobranças e das interdições condicionadas às mulheres em embate de saberes sobre o *proceder* e da decorrente exigência analítica, apresento-as separadamente.

Cobrança

Faltavam poucos minutos para às 22h quando cheguei ao ponto de encontro das *cunhadas* rumo às penitenciárias de Cerejeira em uma das sextas-feiras durante o período de campo. Quase atrasada, atravessei a avenida com pressa e de olho na praça, local onde as mulheres aguardavam as saídas dos ônibus. Ao longe, vi que uma *cunhada* acenava e fui logo ao seu encontro. Não pude deixar de comentar a admiração que me causou o tamanho de sua mala, "vai trazer o preso na mala?", perguntei em tom de humor. Ela riu e frisou que daquela maneira era melhor para carregar todas as coisas para a visita sem expor a sacola do *jumbo* no trajeto. Naquela noite de clima agradável, a *cunhada* vestia calças jeans, uma blusa que deixava as costas à mostra e uma sandália sem salto. Cabelos compridos, bem lisos e escuros. Unhas vermelhas e muitas pratas a enfeitar o seu pescoço, orelhas e dedos. Seu visual chamava bastante atenção, contudo, sua fisionomia dava indícios de que algo a descontentava. A *cunhada* não tardou em relatar sua aflição:

> Sabe Jacque, queria muito ficar com as minhas filhas nesse final de semana por causa da páscoa. Hoje estou aqui contrariada, só vim porque não consegui avisar o preso de que não viria. Não dei nenhuma satisfação para as minhas filhas. Combinei de ficar com elas amanhã e não tive cara de ligar para dizer que não vou mais. Não sei o que dizer. Ah! Vou pra cadeia visitar o pai do meu novo filho e não vou ficar com vocês, digo isso? Esse ladrão tá muito folgado. Tá pensando que eu sou só dele, que eu vivo pra ele, e não é assim não. Vou conversar com ele amanhã e voltar no bate e volta. Cadeia fora do ar é isso. Se ele não entender que eu preciso ir embora, está tudo acabado. Pode cobrar a fita que for. Eu to pelo certo, nunca arrastei o preso e to aqui todos os finais de semana. Só quero um tempo para as minhas filhas. Há tempos não ficamos juntas. Trabalho a semana inteira e todos os finais de semana estou aqui. Domingo quero estar com as minhas filhas no almoço de páscoa. Até trouxe os ovos de chocolate que vou direto para a casa da minha mãe ficar com as meninas.

Mais animada pela manhã, a *cunhada* estava de fato disposta a voltar para a cidade de São Paulo no ônibus do bate e volta. Todavia, ao fim da visita do sábado, nenhum resquício de animação prevalecia em seu rosto. Ela não desceu do ônibus com as mulheres que voltariam à capital e quando, enfim, conseguimos conversar (após preparar a comida do *preso* e antes do deslocamento pra fila na porta da cadeia) ela falou sobre as negociações que tivera com o *preso* naquele dia:

> Expliquei a situação da páscoa e aproveitei pra dizer tudo o que pensava. Queria que ele entendesse que eu preciso estar com as minhas filhas também e que seria muito bom se pudesse visitar de quinze em quinze. Ele só me olhava e não dizia nada. Repeti que tava difícil viajar toda semana, que eu estava cansada, triste por não passar nenhum final de semana com as minhas filhas e que queria um tempo para a minha vida. Ele, friamente, concordou balançando a cabeça. Estava calmo. Achei muito estranho, até que ele resolveu falar. Disse que estava tudo bem e que, inclusive, eu ficaria linda sem meus cabelos e minhas sobrancelhas. Se eu não vier todos os finais de semana ele vai cobrar. Tentei argumentar que eu tava pelo certo, mas não rolou. Ele disse que eu ia arrastar ele se abandonasse a caminhada, porque para ele era isso que eu tava fazendo. E a cobrança seria o aval pros irmãos da quebrada raspar a minha cabeça e sobrancelhas, além de quebrar as minhas pernas. Meu marido me cobrando direto e tendo quem cobre na rua, ninguém vai se envolver por mim. Sendo assim, acho que é mais fácil aceitar as suas condições.

A *cunhada* reiterou sua tristeza em relação ao distanciamento das filhas e o receio em ficar sem sobrancelhas, "já pensou? Ele fala assim porque acha que eu vou ficar horrorosa e ninguém mais vai me querer". De modo geral, parece-me que as ameaças e as ações direcionadas ao corte de cabelo e sobrancelhas buscavam atingir o equilíbrio da autoestima e da confiança das mulheres. Decerto, ficar sem os cabelos e as sobrancelhas constituía para as *cunhadas* uma ofensa às suas imagens como mulheres.[7] Nesse sentido, primeiramente, compreende-se que a cobrança era uma "consequência". Um resultado do *debate*. Depois, com base no caso narrado, verifica-se que à cobrança associava-se um sentido de retaliação. Uma retaliação que, a despeito de sua efetivação por terceiros via um "aval", necessariamente se estabelecia entre marido e mulher. Como sugerido acima, cobrava-se a *cunhada* "por arrastar o marido". Esse dado fez com que eu imediatamente imaginasse a existência de algo como um código de honra entre os apenados, os quais teriam suas reputações alimentadas pela conduta de suas mulheres. Isso fazia muito sentido, mas somente na minha cabeça. Ao partilhar com uma *cunhada* essas considerações, ela logo desviou minhas premissas:

> É. Da pra ser um código de honra. Mas na verdade, Jacque, o marido tem que cobrar sua mulher porque se ela não tá na disciplina, o Comando cobra ele. Cada preso é responsável pelo comportamento de sua mulher. Pra não virar bagunça. Não é que o Comando obrigue os presos a cobrarem suas mulheres, nada disso. Mas pra não ter nenhum problema com o Comando, os presos já cobram antes. Tem que dar o exemplo, sabe? Os presos têm que mostrar que colocam suas mulheres na disciplina. Senão, são cobrados.

Dessa maneira, antes de constituir uma transgressão às normas pensando em um código de honra partilhado pelos presos, a cobrança por "arrastar o marido" dizia respeito a uma dimensão estratégica em manter a *disciplina*. Em lembrar a espécie de promessa estabelecida pelas *cunhadas*

---

7 Interessante notar que nos processos-crimes que envolviam mulheres na Primeira República em Pernambuco, analisados por Villela (2004: 142), o corte de cabelo já aparecia como uma ofensa à imagem das mulheres. Apesar dos processos tratá-lo como evidência e sem qualquer reflexão, segundo o autor.

ao aderirem à *caminhada*. Em outras palavras, a cobrança, como explicitada, descortinava a substância ética que orientava as condutas atravessadas pelo evento-prisão.

No caso elucidado, a noção de cobrança foi mobilizada a despeito do *debate*. Diferentemente do caso que analiso a seguir.

Tava me sentindo presa, jogando minha juventude fora tendo um marido preso. Comecei a sair, sem falar nada, mas logo os parceiros do meu marido começaram a me ver no role. Até que chegou no ouvido dele. Eu disse que não queria mais aquela vida pra mim e ele entendeu. Sem cobrança, sem nada. Disse que ia me procurar quando saísse pra rua pra gente tentar se entender. Acho que estaria tudo bem se eu não tivesse engravidado e os parceiros dele tivessem me visto com outro cara na rua. Levaram a fita lá pra dentro [da cadeia] pedindo a minha cabeça [a morte]. Falavam que eu tinha arrastado o preso, que tinha abandonado a caminhada, que eu tava com outro cara. Eu sei que o preso não vai querer a minha cabeça porque ele me ama, mas agora não depende mais dele. Nós dois vamos ser cobrados. Ele, porque vão dizer que não me orientou. E eu, ele vai ter que cobrar pra dar o exemplo pra outras mulheres.

"Levaram a fita lá pra dentro pedindo a minha cabeça" significa dizer que o *debate* foi instaurado. Nesse sentido, a cobrança manifestava-se como efeito do *debate* e era operacionalizada de modo a reestabelecer o "certo". No primeiro exemplo a cobrança é associada a uma retaliação. Agora, contudo, ainda que esta dimensão não seja completamente obliterada, à cobrança sobrepõe-se a função de modelo.

Retaliação, modelo, como demonstrado, as cobranças atribuídas às *cunhadas* procediam necessariamente dos próprios maridos, mesmo que efetivadas ou exigidas por pessoas alheias ao relacionamento. O fato era que não se conferia a ação da cobrança à mulher que não a sua. As cobranças, como mencionado, eram "consequências" do *debate*. Entretanto, podiam não germinar dele. De modo divergente, as interdições justapostas às mulheres nasciam essencialmente de um *debate*. E, reconhecida suas diferenças, nasciam a despeito das pretensões de seus respectivos maridos, como se verá a seguir.

Interdição

Em um dos domingos em campo, após todas as mulheres da excursão de São Paulo entrarem nas penitenciárias, retornei à pensão na companhia de duas *cunhadas*. Até que o delicioso almoço preparado pela tia de Nicole ficasse pronto, conversávamos em um dos quartos da pousada. Deitadas no chão de piso frio sob um ventilador de teto, na tentativa de diminuir a intensa sensação de calor, falávamos genericamente sobre mulheres que visitavam presos em cadeias de domínio do PCC. Com base nos casos vivenciados por elas, por outras mulheres e de acontecimentos mais gerais, as *cunhadas* preocupavam-se em me fazer entender esse mundo atravessado pelas políticas prisionais, fosse por parte da instituição, fosse por parte dos presos. Em um dado momento da conversa, a noção de interdição veio à tona e, ao notarem a minha falta de compreensão sobre o tema, gentilmente, preocuparam-se em me explicar:

> Uma mulher, quando falta com o proceder, vai pro debate. Certo? Depois que todas as pessoas que estão envolvidas na situação dão as suas versões sobre o fato, é decido uma consequência para essa mulher. Pode ser uma cobrança, de vários tipos: a forca, raspar a cabeça, as sobrancelhas. Depende. São várias as cobranças que já vimos as mulheres receberem por aqui. E, além da cobrança, a mulher pode receber uma interdição, por exemplo, uma vez uma mulher abandonou o preso e ficou interditada

de se relacionar com outro homem por três anos. Às vezes são cinco, dois, varia. É difícil um ladrão aceitar que a sua mulher, mesmo que não tenham mais nada juntos, se envolva com outro cara. Principalmente se for outro ladrão. Já vi casos até de preso que abandona a cunhada e, mesmo assim, ela que é interditada. Geralmente em não se envolver com outro homem do corre.

A outra *cunhada* continuou:

É, mas a interdição não é somente pra envolvimento com outro homem. Na maioria das vezes, sim. Mas a mulher pode ser interditada de frequentar um lugar, por exemplo. Ou de cuidar do dinheiro do marido. Com uma conhecida minha aconteceu isso. Levaram lá pra dentro [da cadeia] que ela tava gastando toda a grana do ladrão em futilidades (roupas, sapatos, brincos, cabelo, unhas, festas) e não pagava direito a caixinha do comando. Quase fez com que seu marido perdesse o papel [deixasse de ser um membro batizado]. Pensa no problema! Ela foi interditada por um tempo de mexer nos negócios do ladrão. Depois não sei mais o que aconteceu, o marido foi transferido e nunca mais nos vimos.

Mesmo no plano explicativo a noção de interdição caminhava por variadas direções, como indicado nas falas acima. Ela apareceu vinculada a uma questão afetiva "uma vez uma mulher abandonou o preso e ficou interditada de se relacionar com outro homem", de território "a mulher pode ser interditada de frequentar um lugar" e de administração de bens, quando mencionaram a mulher interditada "de cuidar do dinheiro do marido". Essa variedade de significados atribuídos à noção de interdição, de imediato, garantiu a impossibilidade de condicionar ao termo um sentido homogêneo, embora sua germinação se evidenciasse sempre no solo fecundo do incontínuo. O que era interrompido? Dependia da situação vivenciada. Os motivos pelos quais as mulheres eram interditadas, as características essenciais da interdição, a cada relato, associavam-se a acontecimentos vivenciados pelas mulheres em situações específicas. Durante toda a minha permanência em campo não houve uma só vez em que a noção de interdição fosse elucidada que não vinculada a algum exemplo experienciado por alguma mulher. Assim, pode-se dizer que era por meio de acontecimentos vividos e narrados pelas *cunhadas* que a singularidade da interdição se manifestava e se tornava inteligível. De todo modo, a interdição estava fortemente associada a uma dimensão temporal. Nesse sentido, mais do que infligir às mulheres um incontínuo, deliberava-se um tempo determinado de suspensão. Ainda que fosse "pra sempre", como sugere o exemplo transcrito mais adiante.

Em uma das manhãs em que aguardava os portões das penitenciárias se abrirem, enquanto desembrulhava uma infinidade de doces, mais de cem balas, para o *jumbo* do *preso* de uma *cunhada*, não pude deixar de ouvir as mulheres ao entorno estranharem a presença de uma visita. "Vocês viram quem tá aí? Depois de abandonar o preso, quase perder a cabeça, nunca imaginei que ela voltaria", disse uma das mulheres. A *cunhada*, cujas balas eu ajudava a desembrulhar, preocupou-se em me colocar a par do assunto:

> Tá vendo aquela mulher de blusa branca sentada na cadeira de praia? Então, ela visitava o preso todo o final de semana. Não falhava. Jumbo, sedex... tudo o que se espera da mulher. Ela tem dois filhos com o ladrão. Mas não é que do nada essa mulher escreveu pro preso dizendo que não visitaria mais? Disse que a situação tava difícil, a grana curta e o trabalho muito cansativo. O preso ficou louco. Não quis saber de nada e pediu a cabeça dela. Pedir a cabeça é matar, você sabe, né? Ir pra forca também. Dá no mesmo. Aí uma das cunhadas, muito amiga da mulher que ia ser cobrada pelo marido,

acho até que uma conhecia o marido da outra, se meteu na situação. Nunca tinha visto isso acontecer. Ou as cunhadas falam porque são chamadas a falar ou fazem fofoca. Pedir a palavra por alguém, foi a primeira vez que eu vi. É muito arriscado se envolver na situação dos outros, mas, nesse caso, a cunhada interveio pela outra. Falou diretamente com o preso, com o aval do marido, claro. Pediu pro preso pensar nos filhos deles, pequenos, que ficariam sem mãe. Não sei o que, afinal, o preso decidiu. Sei que o Comando determinou que se ele quisesse a cabeça da mulher, ele mesmo que cobrasse quando tivesse na rua. Não teve o aval do Comando para que alguém fizesse por ele. Ela só tomou uma interdição. Nunca mais poderia visitar um ladrão.

Diante dessas elucidações, compreende-se a interdição como um fruto do *debate*. Uma "consequência", de acordo com as interlocutoras dessa pesquisa, que não, necessariamente, era operacionalizada pelo próprio marido (ou mediante seu "aval"). A interdição, diferentemente da cobrança que incitava uma ação a se concretizar (nos termos de retaliação e modelo), situava-se no plano da constatação, da averiguação. Dessa maneira, podia ser mobilizada por meio de cuidados alheios aos do marido. As experiências vividas pelas mulheres corroboravam as singularidades a que se travestia a interdição, mas, de todo modo, eram fundamentalmente estabelecidas em meio aos fantasmas do incontínuo e da determinação temporal.

Considerações finais sobre o *debate*

Por último, mas não menos importante, destaco a centralidade da figura feminina para existência, condução e deliberação dos *debates*. É certo que ao homem recaía a responsabilidade de analisar as versões formuladas pelas mulheres e a emissão de um "aval". Contudo, conforme elucidado, eram as atitudes das *cunhadas* e o manejo de seus discursos que prefiguravam as possíveis circunstâncias avaliadas pelos homens. As mulheres "levam a situação pra dentro da cadeia", eram testemunhas, condicionavam provas, eram cobradas e interditadas. As *cunhadas* construíam estrategicamente os argumentos proferidos aos *presos*. Eram ouvidas. E por meio de suas considerações e perspectivas, cediam as ferramentas aos *presos* para que se configurasse a "verdade", as cobranças e as interdições. Colocavam, portanto, o *debate* em funcionamento.

Verifica-se, desse modo, que os procedimentos desempenhados pelas *cunhadas* concernentes ao *debate* manifestavam-se antecipadamente à decisão tomada pelos homens. Os efeitos do *debate*, antes de instaurarem uma orientação – cuja elaboração era atribuída ao homem e à mulher sua incidência –, conformavam um contínuo entre ambos: estratégias e negociações das *cunhadas* misturavam-se às emissões dos *presos*. Efeitos constituintes que se tornavam evidentes de maneira descontínua, ao sugerirem que cabia aos homens o reconhecimento de uma mulher de *proceder*. Contrária a essa especulação, a convivência privilegiada com as *cunhadas* ensejou que "ser ligeira", "blindar a mente" e "não cair em contradição" (condicionantes a serem experimentados pelas mulheres) era o que, antes, dissolviam os dilemas promovidos pelo embate performativo entre as *cunhadas* concernentes ao reconhecimento do *proceder*. Conforme indicado, eram estes os elementos que garantiam a produção da "verdade" em um *debate*. Assim como de suas contiguidades ou "consequências", como preferiam as *cunhadas*.

Operava-se o *debate* como um mecanismo capaz de solidificar um saber a respeito desta conduta ética partilhada entre as *cunhadas* que estavam na *caminhada*. Mais especificamente, ao evidenciar o "certo", o *debate* estancava um saber outrora constrangido (o *proceder*) face às disposições compartilhadas sobre a *disciplina* da cadeia. Todavia, evidenciava-se a cristalização de um saber singular sobre o *proceder* germinado em um solo circunstancialmente cultivado pelo encontro de algumas *cunhadas*.

Incapaz de emanar prescrições rígidas ou normas impenetráveis aos demais encontros possíveis.

O reconhecimento do atributo *proceder*, como mencionado anteriormente, agregava às mulheres uma adjetivação positiva que, segundo as interlocutoras desta pesquisa, contribuía para que se constituísse uma mulher *fiel*. A composição da *fiel*, suas adjacências e seus contrários são os assuntos abordados no próximo capítulo que, enfim, privilegiará o ponto de vista das *cunhadas* sobre *família*.

CAPÍTULO 3

Mulher *fiel:* as *famílias* das *cunhadas*

Dentro do ônibus, ainda na madrugada de sábado para domingo, não foi uma tarefa fácil encontrar um espaço para dormir. Completamente escuro e com as mulheres deitadas em toda a extensão do corredor, a passagem ao fundo do ônibus (a única esperança em haver lugares) foi realizada diante de muitos obstáculos. Uma *cunhada* à frente, sussurrando a evitar acordar as mulheres que já dormiam (ainda que ao passar fosse inevitável não pisar em seus cabelos, mãos e pés), indicou um espaço à Isadora no corredor: "olha, aqui cabe você e a Jacque no valete". De fato coubemos as duas "no valete", deitadas contrariamente de modo a alinhar os pés de uma com a cabeça da outra, mas foi impossível adormecer. Qualquer posição era muito desconfortável e rapidamente pudemos sentir a umidade do lençol que havíamos esticado no chão. Tomadas pelo desalento, às 5h30 da manhã resolvemos sair do ônibus e ir ao banheiro. Ao sairmos, estranhamos a ausência das mulheres que dormiram na pensão e das que saíram de São Paulo no sábado à noite. Afinal, comumente às 5h da manhã muitas delas já tomavam café no trailer de Leo e Simone. Depois de traçarmos algumas teorias sobre o que poderia ter ocorrido com as mulheres, ficarmos apreensivas e preocupadas, lembramos que o horário de verão havia acabado e ainda eram 4h30 da manhã. Ironicamente, Isadora resumiu aquela noite: "Nada como ter uma hora a mais na vida, na porta da cadeia, dormindo nessas condições. Gostou da experiência, Jacque?". Eu sorri, enquanto nos dirigíamos à fila do banheiro. Estava muito escuro e o frio intenso continuava. Muitas mulheres e crianças que também haviam dormido na porta da prisão esperavam pelo uso do banheiro, composto apenas por um sanitário e uma pia ao lado de fora. Nos fundos do banheiro, as mulheres organizavam-se para o banho de mangueira com água fria. Naquela manhã a porta da cadeia estava lotada. Saímos do banheiro e as *cunhadas* já caminhavam de um lado para o outro a se arrumarem para a visita. Entre a neblina e o nascer do dia já era possível enxergar o colorido das calças *leggings*.

Depois de muita espera na fila do banheiro, sentamos no trailer de Leo e Simone e muita conversa rolou até que as *cunhadas* voltassem ao ônibus para a chamada feita pela *guia* de modo a organizar a ordem da fila de entrada na prisão. Eu ajudava nas vendas dos doces de Nicole e, quando solicitada, auxiliava algumas mulheres a preencherem os formulários de visita requisitados e distribuídos pela instituição. Após algumas semanas em campo, também arriscava algumas maquiagens nas mulheres que me eram mais próximas. Em geral, antes da chamada as mulheres costumavam estar prontas para a visita: vestidas com a roupa exigida pelo estabelecimento penal, maquiadas, perfumadas e com a comida e o *jumbo* prontos. O ambiente era tomado por ansiedade, o que se evidenciava nas reclamações das mulheres pela demora em abrirem os portões, assim como nas especulações sobre a impaciência dos presos que as aguardavam. Em momentos como aqueles era que mais se escutava sobre a saudade e o desejo em ter o preso em casa para que, assim, "a família ficasse completa" e, consequentemente, "tudo fosse ser diferente".

Conforme me disse uma das mulheres naquela manhã:

> Não vejo a hora de esse sofrimento acabar, essa saudade, de ter o meu marido em casa e a minha família

completa. Por isso que não é em vão tudo o que eu faço pra tá aqui. É pra ter a minha família completa. Todo mundo aqui tem na mente que a caminhada é longa, mas ela não é eterna. E só quem é fiel pra ir até o fim.

De acordo com a fala da *cunhada*, pode-se dizer que família é compreendida por meio de três sentidos distintos do ponto de vista das mulheres. Primeiramente, ao termo família garantia-se um sentido imperfectivo proporcionado pela saudade, pelo sofrimento e pela ausência domiciliar do marido (efeitos do cárcere e da *caminhada*) que agiam como obstáculos para sua realização plena. Sendo assim, o caráter imperfeito atribuído à família estava diretamente ligado aos *sacrifícios* (cf. capítulo 2) enfrentados pelas mulheres que estavam na *caminhada*, e não por constituírem uma deformação mediante um modelo ideal que lhe ditaria os parâmetros de ser família. O primeiro sentido atribuído ao vocábulo família pelas *cunhadas* era, portanto, de incompletude.

Também como sugere a fala reproduzida acima, tratava-se de uma *família*-imperfectiva que se completaria em virtude dos esforços condicionados pela *caminhada*, visto que "não é em vão tudo o que eu faço pra tá aqui. É pra ter a minha família completa". Assim, a frequência nas visitas, o *jumbo*, a comida, o fato de aderir à *caminhada*, não abandonar o *preso*, enfrentar os *sacrifícios*, estar na *disciplina* e ter *proceder* (como vimos no capítulo 1 e 2) deslinda o sentido de *família*-manutenção, visível nessa situação não permanente proporcionada pelo evento-prisão. Desse modo, manutenção é o segundo significado atribuído ao termo família pelas *cunhadas*. Sentido que não seria viabilizado sem o primeiro significado conferido pelas mulheres, o imperfectivo. Afinal, intenciona-se manter aquilo que carece de manutenção. No caso, a *família*-incompleta. Tampouco faria sentido sem a terceira acepção formulada pelas *cunhadas* que se associava à ideia de completude, como apresento a seguir.

A *família*-completa aparece nas falas das interlocutoras de pesquisa como um projeto posterior à "sonhada liberdade" dos maridos. Ela só se realizará no futuro. Sabia-se, como indicado na fala da *cunhada*, que a "caminhada é longa" para que a *família* se complete; contudo, mais do que a liberdade do apenado, a *família*-completa tinha como protagonista a mulher *fiel*, pois "só quem é fiel pra ir até o fim". Para atingir a plenitude da *família*, portanto, mais do que estar na *caminhada*, que era equivalente a ter a *família* incompleta, mais do que manter a *família* e ter a liberdade do marido, era preciso ser *fiel*.

O protagonismo da *fiel* é o tema abordado nesse capítulo. No capítulo 1, o esforço analítico foi centrado no ponto de vista das *cunhadas* sobre o ponto do vista do corpo institucional a respeito da família, o que desanuviou dois sentidos ao termo, além do sentido sinônimo de visita observado em todas as perspectivas atravessadas pelo evento-prisão. Primeiramente, um sentido positivo pelo reconhecimento de que o apenado tem *família*. Depois, um sentido negativo pela suspeição extensiva às *cunhadas* ao serem reconhecidas como a *família* do preso. No segundo capítulo, foi privilegiado o ponto de vista das *cunhadas* sobre o ponto de vista dos *presos*. O que conferiu à *família* um sentido sagrado fundamentado nos *sacrifícios* que se combinavam à *caminhada*. Assim, neste terceiro capítulo, apresento os elementos que compõem a mulher *fiel* de acordo com os enunciados das *cunhadas*, mas não sem percorrer os três sentidos atribuídos à noção de família que brotaram da concentração da análise no ponto de vista destas interlocutoras: a *família*-imperfectiva, a *família*--manutenção e a *família*-completa.

A condição incompleta associada à *família* era inescapável às mulheres que aderiram à *caminhada*. A *família*-manutenção, diferentemente, era caracterizada pela intencionalidade. Intenção em conformar a *família*-completa, cuja distinção se evidenciava pelo seu caráter teleológico. Sugiro, desse modo, que esses três sentidos de família não se descolam uns dos outros. Ainda assim, por exigência analítica, proponho suas imagens diferenciadas.

Dessa maneira, como já mencionado, discorro a seguir sobre os enunciados articulados pelas *cunhadas* no que concerne à composição de uma mulher *fiel*, dado sua centralidade para a existência dessas *famílias*. Mais especificamente descrevo o que as *cunhadas* diziam sobre o que era ser *fiel*. Visando este objetivo, apoio-me em suas práticas discursivas tanto estáveis, quanto díspares. Sem, contudo, ignorar seus contrários e suas adjacências. Dito de outro modo, a análise que se segue discorrerá sobre as mulheres não consideradas *fiéis* e os demais "tipos de mulheres" que estavam na *caminhada* e que, contrastivamente, contribuíam com a construção da mulher *fiel*.

Em seguida, abordo os investimentos das *cunhadas* evidenciados nas negociações e nas variações de atualizações de condutas decorrentes da adesão à *caminhada*. Sobretudo, aclaradas pela ideia de "meter o louco" que, como veremos, ensejava o modo como as mulheres conduziam situações particularmente experienciadas face às vontades e aos desejos de seus maridos. Sugiro, a partir da ideia de "meter o louco", a configuração de um efeito-resistência. Sugestão que instaura um oximoro diante da coexistência de um efeito-resistência com mulheres consideradas "submissas", tantas vezes lembradas entre as *cunhadas*. A fim de apreender esta aparente contradição, exploro, ancorada ao material etnográfico, o sentido conferido ao termo submissa pelas interlocutoras desta pesquisa.

"Aqui quem fecha é a *fiel*". *Família*-imperfectiva, *família*-manutenção e *família*-completa: o protagonismo da mulher *fiel*

"Aqui quem fecha é a fiel". Incansáveis vezes ouvi esta frase entre as *cunhadas*, cuja intenção era a de atribuir uma adjetivação positiva à mulher que estava na *caminhada*. Como mostrei no capítulo 1, as *cunhadas* mobilizavam a ideia de "fechar a caminhada", de modo a indicar sua adesão aos procedimentos éticos e *morais* condicionados pelo evento-prisão dos seus maridos. Do evento-prisão derivava a *família*-imperfectiva, argumento inicial desse capítulo, dado seus efeitos indissociáveis como a saudade, o sofrimento, a ausência domiciliar do marido. Obstáculos para constituição plena da *família*. Com o intuito de amenizar a negatividade garantida aos efeitos desta conformação familiar (incompleta) mobilizava-se a *família*-manutenção que, ao colocar em funcionamento os procedimentos éticos e *morais* da *caminhada*, aparecia como condição de possibilidade para a existência da *família*-plena. "Fechar", nesta circunstância, significava dizer que se estava disposta a manter-a-*família* em virtude de sua qualidade incompleta imposta pelo evento-prisão e, concomitantemente, torná-la completa. Não obstante, apreende-se que não era qualquer mulher que "fecha" a *caminhada*. Somente a mulher *fiel*, como indica a frase das *cunhadas*. A *fiel* aparece, dessa maneira, como condição de realização da *família*-completa. A mulher *fiel* era a protagonista das *famílias* das *cunhadas*.

Diante dessas elucidações, portanto, de que à conformação da *família*-completa compreende-se a existência da *família*-incompleta e a mobilização da *família*-manutenção, não sem o protagonismo da mulher *fiel*, tratarei a seguir dos enunciados das *cunhadas* sobre o que era ser *fiel*. Mais especificamente, discorro, em primeiro lugar, sobre os elementos que compunham essa noção de *fiel*. Em segundo lugar, sobre o que se entendia por não ser uma mulher *fiel* (o seu contrário). E em terceiro lugar, sobre a variedade de definições de mulher a conformar a ideia de *fiel* (suas adjacências). Apesar de estes discursos apresentarem-se de maneira estabilizada, visto que todas as conversas sobre a *fiel* conduziam a elucidações bastante semelhantes, minha convivência com as *cunhadas* possibilitou a apreensão de uma heterogeneidade de práticas discursivas a compor a noção de *fiel*.

A imagem da *fiel*

O protagonismo concedido à mulher *fiel* no projeto de realização da *família*-completa, como já mencionado, condicionava um sentido positivo e uma marca qualitativa que diferenciava as mulheres que visitavam no *sistema*. Refiro-me às mulheres que visitavam no *sistema* de modo geral e não somente as mulheres que visitam em cadeias *favoráveis* (como dito na Introdução, de população carcerária majoritariamente relacionada ao

PCC), com a intenção de apontar o primeiro elemento a compor a imagem da mulher *fiel*: visitar em "cadeia do Comando". Assim, a primeira marca impressa nas *fiéis* correspondia a ser mulher de *irmão* ou *companheiro* e visitar em estabelecimentos penais de domínio do PCC. Como sugere a fala de uma *cunhada*:

> Eu visitava meu marido numa cidade que tinha uma cadeia favorável e uma desfavorável. Uma do lado da outra. A gente via as mulheres dos coisa,[1] mas nem se misturava. Cada uma pro seu lado. Num sábado eu demorei pra sair da visita e acabei perdendo o ônibus que levava de volta pra cidade. Tive que voltar caminhando pra pensão. No meio da estrada, já estava escurecendo e eu ficando com medo, parou um carro com duas mulheres que me ofereceram carona. Elas também saíam da visita. Eu entrei no carro e conversa vai, conversa vem, descobri que as minas visitavam na desfavorável. Gritei na hora: PARA ESSE CARRO. As minas disseram que me levariam de qualquer maneira, que não entendiam nada dessa divisão. Eu saí fora. E se é uma emboscada? E se resolvem me matar? A gente nunca sabe o que esperar de uma mulher que fecha com coisa. Vou a pé, mas não vou com coisa. Aqui é fiel.

Além de visitar em cadeia considerada *favorável*, ser *fiel* também estava relacionado às visitas publicamente reconhecidas como, de fato, mulheres dos presos. Este reconhecimento era garantido pelo nome inscrito no rol do apenado, assim como pela possibilidade de presença no "ônibus da família" (ainda que optassem em viajar de carro ou ônibus particulares). De acordo com as interlocutoras desta pesquisa, as mulheres que visitavam presos e não eram reconhecidas publicamente como suas mulheres,

---

1 Ao dizer "coisa" a *cunhada* refere-se aos apenados da cadeia "desfavorável".

em geral, visitavam com o nome no rol de outro apenado e viajavam em ônibus de rodoviária ou em veículos particulares. Como uma *cunhada* relatou-me:

Quando o preso tem outra [mulher], ele compra o rol de presos que não tem [visita] íntima. Os dois presos têm que ser do mesmo raio, senão não dá pra ele encontrar com a visita. Assim, a outra [mulher] entra no rol de um preso, mas visita o outro. O que comprou o rol. É tudo negociado entre os presos pra que não molhe [dê errado]. A mina também não viaja com a família dos presos. Ela tem que se virar pra chegar na cadeia. No nosso ônibus elas não entram.

Além do reconhecimento público do relacionamento, enfatizavam as *cunhadas* que *fiel* era quem estava disposta a compartilhar "o sofrimento da cadeia com o preso", "pedalar com o preso", "estar lado a lado", "estar junto no veneno". Assim, ser *fiel* era também desempenhar os procedimentos éticos e *morais* efeitos da adesão à *caminhada*. A saber, a preocupação e o cuidado com o *preso* virtualizados no desempenho de procedimentos visíveis da *caminhada*, analisados no capítulo 1. E também os *sacrifícios*, o *proceder* e a *disciplina*, temas abordados no capítulo 2.

Mais detalhadamente, no capítulo 1 procurei mostrar que estar na *caminhada* implicava uma série de procedimentos éticos e *morais* a serem desempenhados pelas *cunhadas*, dentre os quais a frequência nos dias de visita, o *jumbo* e a comida, conformavam seus pontos de maior visibilidade. A realização destes procedimentos demonstravam os cuidados das mulheres com o *preso*, ainda que esses cuidados não se constituíssem sem desvios, variações, alternativas ou eventualidades. De todo modo, as efetivações destes procedimentos contribuíam para composição da mulher *fiel*. A despeito de não serem realizados por *fiéis* exclusivamente. Como enfatizado anteriormente, a frequência na visita, o *jumbo* e a comida, eram de preocupação generalizada entre as mulheres que visitavam no *sistema*.

No capítulo 2, descrevi os *sacrifícios* enfrentados pelas mulheres que estavam na *caminhada*, o que conferia sacralidade à *família*. O cansaço proporcionado pelas viagens, o peso das bagagens, as noites mal dormidas, a responsabilidade sobre os filhos, a veiculação de más notícias, as humilhações decorrentes do tratamento institucional, os gastos com o apenado e sua ausência no cotidiano familiar, portanto, também eram elementos que compunham a imagem da mulher *fiel*. Assim como ter *proceder*, estar na e ter *disciplina* igualmente alimentavam o que se entendia por mulher *fiel*, em virtude do conteúdo predicativo condicionado à ideia de ter *proceder* e ter *disciplina* que brotavam do "estar na disciplina". Como visto, este era o solo referencial que orientava o comportamento das *cunhadas*.

Logo, retomo o argumento de que para a composição da mulher *fiel* compreendia-se elementos como a circunscrição de um espaço relacionado à visita, visto que só poderia ser *fiel* quem realizava visita em "cadeia do Comando"; o reconhecimento público de seu relacionamento amoroso com o apenado, visibilizado pela inscrição de seu nome no rol do marido e a possibilidade de sua presença no "ônibus da família"; e a produção de um comportamento esperado das mulheres que aderiram e, consequentemente, estavam na *caminhada*. Não obstante, ser *fiel* não se esgotava nisso.

Ao final da visita em um dos domingos durante o período de pesquisa de campo, já na estrada, com as mulheres visivelmente cansadas e deixando-se atravessar pelos últimos raios de sol que atingiam o ônibus naquele fim de tarde, a *guia* se levantou e pediu a atenção de todas as passageiras. Disse que leria um comunicado da "sintonia do ônibus":

> Boa tarde a todas. Esse comunicado é da sintonia do ônibus e queremos por meio dele lembrar aos familiares que estão no sofrimento junto com os presos que é proibido utilizar-se de uma linguagem de baixo calão, principalmente dentro do ônibus. Nenhuma visita deve ser desrespeitada sendo obrigada a ouvir palavrões ou coisas de baixo nível durante a viagem. É proibido também falar de suas intimidades com o preso. O que

aconteceu ou deixou de acontecer no barraco é problema particular de cada um, certo? Sem exposição da vida íntima. Ninguém é obrigado a viajar ouvindo as particularidades da visita dos outros. Por enquanto é isso. Se alguém se sentir desrespeitada é só levar a situação para sintonia do ônibus. Boa viagem a todas. Boa semana. Fiquem com Deus.

Conforme algumas interlocutoras de pesquisa explicaram, e também como pude perceber com o decorrer do tempo em campo, "sintonia do ônibus" fazia referência aos presos que respondiam pelo ônibus em que viajavam as visitas, o "ônibus da família". Eram estes os presos responsáveis pela comunicação com a *guia* (por intermédio do seu marido) sobre os acontecimentos da viagem. Nas palavras de uma *cunhada*: "a sintonia do ônibus cuida do bem estar da visita na estrada". Ainda que o ônibus fosse privado, como mencionei na Introdução, as passageiras eram tidas como de responsabilidade da *guia*, que trabalhava como mediadora entre as orientações dos presos e as ações das visitas. Deste modo, à *guia* cabia a função de transmitir o comunicado dos presos responsáveis pelo ônibus para as demais visitas, assim como comunicar estes presos, através do seu marido, sobre os acontecimentos da viagem.

Assim, diante do comunicado pronunciado pela *guia*, observamos que não utilizar um vocabulário considerado de "baixo calão" ou grosseiro (como também ouvi em outras circunstâncias) e evitar tornar públicas as intimidades, sobretudo concernentes à visita íntima, eram algumas das orientações destinadas às *cunhadas*. E, como evidenciava suas práticas discursivas, eram orientações positivamente avaliadas entre as mulheres. As *cunhadas* não cessavam em ressaltar a importância dada ao cuidado com o que se fala ou, em seus termos, a importância dada "ao cuidado com a palavra". Fosse referente a um vocabulário ofensivo, fosse referente à descrição pública de intimidades. Tanto um quanto o outro, de igual maneira, atualizavam a problemática do respeito (ou a falta dele, como corrobora a fala da *guia* acima. Abordarei essa questão mais detalhadamente adiante).

Molda-se à imagem da *fiel*, portanto, a propriedade do "cuidado com a palavra". Para ser reconhecida como uma mulher *fiel* era preciso estar atenta ao que se dizia.

Não obstante, o "cuidado com a palavra" certamente extrapolava o conteúdo de enunciação. Repetidas vezes participei junto às minhas interlocutoras de conversas sobre relações íntimas com o *preso* durante a visita. Após determinado tempo de convivência com as mulheres, senti-me à vontade em perguntar se não constituía um problema falarmos sobre tais intimidades, vistos os inúmeros comunicados proferidos em nossas viagens sobre a desaprovação destes assuntos. Uma *cunhada*, então, respondeu-me:

> O problema, Jacque, não é o que se fala. É como se fala, com quem se fala, onde se fala. Estamos numa conversa particular. Não acho que estamos expondo intimidades. Eu conto uma coisa, a cunhada conta outra, e fica entre a gente. Ninguém mais tá ouvindo. Uma coisa é isso. Outra é ficar contando no ônibus, pra quem quer e pra quem não quer ouvir, o que você fez dentro da cadeia. Têm as crianças, as mães dos presos, as mulheres que nem conhecemos direito. Tem que ter respeito, né?

Por conseguinte, aprendemos que a *fiel* preocupava-se com seu ato discursivo. Conforme explicitado na resposta da *cunhada*, "o cuidado com a palavra" aludia à atenção prestada às possibilidades de ofensas propagadas face às maneiras, aos momentos e aos lugares em que se expunham as palavras. Ser *fiel*, e esse é o quarto elemento que apresento, era estar sempre atenta aos seus próprios atos discursivos. Logo, esperava-se da *fiel* uma circunspecção enunciativa.

Após a visita do domingo em uma das minhas primeiras viagens, já dentro do ônibus rumo à cidade de São Paulo, uma *cunhada* percebeu meu olhar atento ao nome do *preso* tatuado em seu braço. Assim como eu, ela ocupava um espaço no corredor, já que nem sempre havia lugares para todas as ocupantes do ônibus. Nunca havíamos conversado, mas ao notar que eu observava sua tatuagem dirigiu-me um olhar afável.² Eu, então, perguntei:

Eu: Você fez há bastante tempo?

Cunhada: Ah, fiz logo que conheci o preso, tem menos de um ano;

Eu: Então, vocês estão juntos há um ano?

Ela sorriu e partilhou comigo a sua história:

Eu tenho dois filhos – ergueu a blusa mostrou o nome das crianças tatuado em sua costela. Engravidei muito cedo e acabei me casando com o pai dos meninos. Foi uma gravidez atrás da outra. Meu ex-marido era muito ciumento e me batia muito. Nossa! Como me batia. Ele ia trabalhar e eu não podia colocar a cara na rua. Se algum amigo dele me visse e contasse pra ele, era porrada na certa. Um dia eu decidi fugir dele e não podia levar as crianças comigo. Não tinha condição de cuidar delas e ele era um bom pai. Isso ele era. Fui morar de favor com uma amiga que tinha o marido preso. Sozinha, passei a trocar cartas com um homem da mesma cela do marido desta minha amiga. Fiquei meses trocando cartas com o preso, perrecando [paquerando], sabe? De conversa com o preso pelo telefone. Todos os dias. Até que ele me convenceu a fazer uma visita. Mandei todos os documentos necessários, fiz carta de amásia no cartório, tudo, mas só depois de duas tentativas eu consegui entrar. Na primeira,

---

2   Era com recorrência que se via os nomes dos apenados tatuados sobre os corpos das mulheres. Antebraços, pulsos, costas, peitos dos pés e virilhas eram os locais de evidente preferência das *cunhadas* para suas tatuagens. Estas marcas sobre os corpos, que "não podem ser apagadas" como lembrou uma *cunhada*, foram traduzidas como provas de amor, homenagens, presentes, "uma simples surpresa" ao *preso*.

eu desisti na porta porque tava com muito medo. Na segunda, ele tinha ido de bonde e eu tive que fazer toda a documentação de novo para a outra cadeia. Quando finalmente aconteceu de conhecer o preso, eu tremia. Tremia muito. Tremia porque a cadeia não era uma realidade na minha vida. Ah! E ele me conhecia por foto, mas eu não fazia ideia de como ele era. O que me acalmava um pouco era a presença da mãe dele. Ela foi comigo e isso foi bom. Quando conseguimos um momento sozinhos, ele aproveitou para me dizer como que esperava que fosse o meu comportamento a partir de então, já que tinha virado mulher de preso. Ele me sentou na cama e disse que se eu queria mesmo ser a sua mulher teria que parar de ir pra balada, de sair com as amigas, cortar as amizades masculinas. Também, né? Nada a ver. Não combina ser mulher do preso e ficar saindo ou tendo amizade com homens. Aos poucos fui me desligando de todo mundo. Foi um processo. Pouco a pouco fui entendendo como funcionava ser mulher do preso. A mulher tem que respeitar o seu marido na rua, não dá pra ficar saindo, usando roupas insinuantes, escutar funk e andar em más companhias. Tem que ser fiel.

A história da *cunhada* mostra que a ideia de "respeitar o marido na rua" estava intrinsecamente ligada à noção de *fiel*. A *cunhada* elenca uma série de elementos a compor a imagem da *fiel* na medida em que assevera seu respeito ao *preso*. Assim, diante das elucidações da *cunhada* e após sugerir que a noção de *fiel* é um compósito de circunscrição de um espaço, reconhecimento público do relacionamento amoroso, produção de um comportamento esperado das mulheres que aderiram e estavam na *caminhada*, além da prudência com os próprios atos enunciativos, afirmar categoricamente o respeito pelo apenado é o quinto elemento a compor a imagem da *fiel*.

Conforme o trecho da história da *cunhada* transcrito acima, frequentar "baladas" ou "sair com as amigas" não eram atitudes bem avaliadas ao que se esperava de uma "mulher do preso", mais especificamente, de uma mulher *fiel*. Interessada no assunto, insisti para que a *cunhada* detalhasse mais essa questão:

> Eu só frequento lugares onde as pessoas me conhecem e sabem da minha situação. A mulher do preso não tem que ficar circulando por lugares onde não se sabe que elas são casadas, que seus maridos estão presos e quem são seus maridos. Como o cara não tá na rua e ela sempre está desacompanhada, parece que ela está disponível. Se não sabem que o marido tá preso, os caras chegam mesmo. E não demora pra parceiro ver e isso chegar na cadeia. Aí já sabe a merda que dá…

Primeiramente, ressalto da fala da *cunhada* o cuidado em evitar consequências ruins provenientes da circulação por territórios, mais do que desconhecidos a ela, que não a reconheciam plenamente. Esta carência de reconhecimento da *cunhada*, em ambientes não habituados, abria a possibilidade de aproximação de outros homens. Esta aparente disponibilidade, decorrente da ausência física do *preso*, prefigurava um infortúnio iminente. Nesse sentido, ser uma mulher *fiel* que respeita o marido envolvia, antes do que a proibição em frequentar festas ou bares, a produção de um território de frequentação próprio às *cunhadas*.

Parece-me interessante contrapor estes dados aos provenientes do contexto elucidado por Stolcke (1982). A autora chama a atenção para os lugares de "moral duvidosa, imprópria para mulheres respeitáveis". A referência é à "turma de trabalhadores" (assalariados temporários na agricultura) derivada da proletarização e migração para as cidades onde, dentre outros efeitos, reforçava-se a ideia de que mulheres sem proteção/supervisão de seus maridos "facilmente sucumbirão às investidas de outros homens" (: 76). A produção de um território de frequentação próprio às *cunhadas* evidenciava, diferentemente da ideia de que as mulheres facilmente cederiam aos investimentos de outros homens, a temperança que se conectava às suas condutas face ao conhecimento do poder que, aparentemente sozinhas, podiam incidir sobre os homens. Dessa maneira, as *cunhadas* agiam com prudência para evitar um infortúnio prefigurado pela possibilidade de aproximação de estranhos. E eram, assim, reconhecidas por esta atitude que indicava "o valor dos homens em suas vidas e, igualmente, o seu próprio valor sociocultural" (Weiner 1989 [1976]: 230).[3]

O cuidado em evitar um infortúnio iminente, como a circulação por territórios usuais que garantisse o reconhecimento da *cunhada* como *cunhada*, estendia-se ainda ao vestuário das mulheres e a um tipo específico de gênero musical, o funk (amplamente conhecido por suas coreografias sensuais). E esse é o segundo elemento que destaco da narrativa da *cunhada*: "não dá pra ficar saindo, usando roupas insinuantes, escutar funk e andar em más companhias". Além da produção de um território de frequentação, o respeito ao marido, elemento que compunha a imagem da *fiel*, expressava-se mediante a preocupação com um conjunto de peças a vestir e com um gênero musical a escutar, de modo a esquivar-se da ostentação do corpo e da tentação latente.

Esta ideia de respeito ao marido mais uma vez sugere o reconhecimento das mulheres do poder que poderiam incidir sobre os homens. Os esforços de Mayblin (2010) também inspiram esta reflexão. A autora mostra como as mulheres exercem forte poder sobre seus maridos diante do fato da infidelidade constituir a maior violência dirigida a um homem

---

3   A referência de Weiner se faz ao reconhecimento público do poder associado às mulheres Trobriandesas através das colheitas anuais de inhame e das atividades de distribuição mortuárias. As contribuições da autora constituem uma importante inflexão na literatura antropológica feminista, ao mostrar como partir do controle das "extremidades dos ciclos de vida" (da objetificação do poder através de seus objetos de riqueza), visto a intensa preocupação que homens e mulheres condicionavam à regeneração, reconhecia-se publicamente o poder atribuído à figura feminina (no plano cósmico e sociocultural). Weiner é responsável, em suas palavras, pela "descoberta de que as mulheres Trobriandesas têm poder" (: 228).

(: 137) e a beleza da mulher um potencial estimulador de infidelidade. A narrativa da *cunhada* ressalta que ausência física do *preso* abre a possibilidade de iniciativas masculinas sobre a mulher aparentemente disponível, o que possivelmente geraria uma consequência ruim ("Aí já sabe a merda que dá"). Seu comentário sugere, portanto, que da falta de cuidado com o vestuário e com o funk, da falta de respeito com o marido, poderia deslindar numa "violência" (nesse mesmo sentido mobilizado por Mayblin) direcionada ao *preso*.

Além da produção de um território de frequentação, das condicionantes do vestuário e dos limites musicais, o relato da *cunhada* ainda indica que era esperado da *fiel* que de modo categórico afirmava que era preciso respeitar o marido (e esse é o terceiro ponto ressaltado), que não se comunicasse com homens e tampouco se relacionasse com "más companhias". "Não combina ser mulher do preso e ficar saindo ou tendo amizade com homens", continua, "não dá pra ficar saindo, usando roupas insinuantes, escutar funk e andar em más companhias". Essas premissas, que intentavam configurar respeito ao apenado, também conferiam às mulheres um perímetro de convivência.

Circunscrição de um espaço; publicização do relacionamento com o apenado; dedicação ao marido, *sacrifícios*, *proceder* e *disciplina* implicados na adesão à *caminhada*; circunspecção enunciativa; o respeito ao marido e suas derivações, como entraves relacionados às vestimentas e ao funk, a fabricação de territórios de frequentação e de perímetros de convivência, desenhavam a imagem da mulher *fiel*. Contudo, as linhas que fracionavam um território de frequentação em perímetros de convivência (por exemplo, a porta da cadeia), evidenciavam a distinção elucidada pelas *cunhadas* a respeito das mulheres que estavam na *caminhada*. Adiante tratarei destas diferenciações. Primeiramente, sobre o contrário da *fiel*. Sobre o que as *cunhadas* consideravam não ser uma mulher *fiel*. Em seguida, sobre os "tipos de mulheres" que estavam na *caminhada*. O que chamei de adjacências da *fiel*, em virtude da heterogeneidade discursiva que se evidenciava na composição do que se entendia por ser uma mulher *fiel*.

A ênfase nas diferenciações estabelecidas pelas *cunhadas* a respeito do que era ser uma mulher *fiel* de modo algum pretende sugerir que a retórica "todo mundo é de igual", intensamente repetida pelas *cunhadas*, traduza qualquer incoerência. Os *sacrifícios* enfrentados na *caminhada* (cf. capítulo 2) as colocavam em uma situação equivalente de poder. Compreende-se, desse modo, que no contexto etnografado nenhuma mulher se sobressaia à outra no que concernia à tomada de decisões ou às possíveis determinações. Os *sacrifícios* implicados na adesão à *caminhada* obstruíam às *cunhadas* a produção de relações de superioridade entre as visitas, o que, por outro lado, não implica dizer que as mulheres não marcassem diferenças entre elas. "Ser de igual" não significava que as *cunhadas* não fossem diferentes. Antes disso, significava dizer que entre elas não era aceitável que se instaurasse uma relação de dominação, em consequência dos *sacrifícios* que partilhavam, efeitos do evento-prisão. Dado este esclarecimento, afinal, o que era não ser *fiel*?

O contrário da *fiel*

Com o passar das semanas durante a pesquisa de campo, pude notar que qualquer nova visita, quando não conhecida entre as mulheres, potencialmente era considerada, por meio de comentários discretos, uma *talarica* ou um *gadinho*. Nunca acusada, já que uma acusação poderia levar a consequências como o *debate*. Conforme me disseram algumas interlocutoras, ninguém faria qualquer comentário público sem a certeza do que está dizendo e a intenção de um *debate*, afinal, como vimos, as mulheres prezavam pelo "cuidado com a palavra". Contudo, era evidente que um clima de desconfiança se espalhava no ar quando um novo rosto se fazia presente. Eu pude sentir isto na pele quando a novidade de minha presença gerou comentários curiosos a respeito das minhas "intenções na porta da cadeia". "Tenho certeza de que logo você vai tá vendo um preso", ouvi algumas vezes. "Ah! Fala a verdade, você tá aqui para arrumar um preso!", ouvi outras tantas. É certo que o tom misturava brincadeira e ironia, o que talvez tornasse mais claro o recado de que não eram vistas com bons olhos as mulheres que "procuram marido na cadeia".

Outra situação de desconfiança referente à novidade de minha presença ocorreu logo no início da pesquisa etnográfica. Precisamente, no terceiro final de semana em que viajava. Dentro do ônibus, na madrugada de sábado para o domingo, uma *cunhada* questionou publicamente minha presença na porta da cadeia. Era a primeira vez que cruzávamos nossos caminhos e, após me perguntar se eu visitava em Cerejeira 1 ou Cerejeira 2 e eu ter respondido que fazia pesquisa e não visitava, a *cunhada* gritou no ônibus: "e quanto você vai pagar pela pesquisa?". O tom era de piada. Avesso ao seu olhar que imediatamente me fez sentir o incômodo de minha presença. E ela prosseguiu: "isso é vontade de arrumar preso. Nunca vi. Passar o que a gente passa por causa de pesquisa? Até parece". Um rosto desconhecido era sempre deslocado a uma conjectura desfavorável. De antemão, portanto, nenhuma mulher era considerada *fiel*. Antecipadamente ao conhecimento de suas *caminhadas* (trajetórias de vida), as mulheres poderiam ser consideradas *coisa, talarica, gadinho, recalcada, safada, ponte* ou estes predicativos combinados, como se verá a seguir.

A denominação "coisa" era atribuída às mulheres que visitavam presos em "cadeias desfavoráveis". Mais especificamente, mulheres que visitavam seus maridos em estabelecimentos penais cuja composição carcerária majoritariamente não se vinculava ao Primeiro Comando da Capital. Como esclarece Biondi (2010), entre os participantes do PCC, a identificação *coisa* diz respeito aos praticantes "de crimes considerados inaceitáveis, como estupro, parricídio, infanticídio", aos pertencentes a "outras facções", além dos "justiceiros, caguetas e profissionais da justiça estatal" (: 91). Em consonância às explanações da autora sobre conceituação de *coisa*, as *cunhadas* enfatizavam que "mulher que fecha com coisa também é coisa". Desse modo as mulheres que estabeleciam laços com presos considerados "estupradores ou pedófilos" (como corriqueiramente definidos por minhas interlocutoras) e que, portanto, visitavam em "cadeias desfavoráveis", eram extensivamente chamadas de *coisa* e repudiadas pelas *fiéis*.

As mulheres denominadas *talarica, gadinho, recalcada* ou *safada*, não se confundiam com a mulher-*coisa*. Embora tampouco se confundissem com a mulher-*fiel*. As *cunhadas* sucessivamente enfatizavam que a essas mulheres também não se figurava um sentido homogêneo. Ainda que suas práticas discursivas não mobilizassem claras diferenças. Somente ao retomar o material de campo, após alguns meses distante da "porta da cadeia", significações singulares emergiram destas definições atribuídas às mulheres, por algum tempo, aos meus olhos, apenas compreendidas como não *fiéis*.

As chamadas *talaricas*, conforme explicitaram as *cunhadas*, "gostam de ladrão". Veremos adiante que "gostar de ladrão" referia-se à esfera do status, do dinheiro e dos bens materiais como principais fundamentadores do relacionamento. Dessa maneira, as *talaricas* eram avaliadas pelas demais mulheres como "interesseiras", "atrás do status de ser mulher de ladrão" e que, portanto, "nunca vão até o fim na caminhada". De todo modo a singularidade característica das *talaricas* dizia respeito ao fato de que estas mulheres relacionavam-se amorosamente com presos casados. Costumavam manter contato com os apenados por meio dos *perrecos* no celular e, recorrentemente, ouvia-se falar que iniciavam seus relacionamentos via "disque amizade". As *talaricas* constituíam uma ameaça iminente aos relacionamentos das *cunhadas* já que eram amplamente conhecidas pela tentativa de "roubar" os *presos* de suas companheiras.

A *gadinho* não era uma mulher "digna" de manter um relacionamento amoroso com o *preso*, conforme apontavam as *cunhadas*. Diferentemente da *talarica* que, momentaneamente, sustentava uma relação com o marido de outra *cunhada*, a *gadinho* era vista pelas colaboradoras desta pesquisa como uma mulher que o preso "jamais levaria a sério". A gadinho "é mulher de uma noite", ouvi certas vezes. Assim como também ouvi que a *gadinho* "é mulher pra fazer sexo e não pra casar". Logo, a mulher considerada *gadinho* não constituía uma ameaça aos relacionamentos das *cunhadas*, a despeito de sua existência não ser ignorada pelas mulheres.

À *recalcada* associava-se o sentimento de inveja. De acordo com as interlocutoras de pesquisa, a mulher *recalcada* tinha desgosto pelas conquistas alheias ("a recalcada morreu de inveja que a cunhada se formou na faculdade. Tinha que ver a cara dela"), além de desejo em possuir o que era de outra ("Sai fora, recalcada! Maior inveja porque meu marido vai sair de saidinha. Ainda bem que recalque aqui bate e volta"). A *recalcada* podia ser associada à mulher-*coisa*, mas também à *talarica*. Em potência, qualquer mulher pode ser considerada *recalcada*. Salvo, talvez, as *gadinho* que, conforme as elucidações das *cunhadas*, eram vistas como mulheres sem qualquer resistência.

Contrária à *fiel*, as *cunhadas* identificavam também as *safadas* que, potencialmente, caracterizariam qualquer mulher de acordo com que me foi possível apreender da pesquisa etnográfica. Considerava-se *safada* a mulher que estabelecia relação amorosa com um preso a despeito de ser publicamente reconhecida como sua mulher. *Safada*, igualmente, era a mulher que se relacionava com presos casados. Mulheres que mantinham relações com outros homens na rua ou mesmo com outros presos (por cartas ou *perreco* no celular) também eram denominadas *safadas*. As *safadas* diziam respeito, ainda, às mulheres que não pagavam suas dívidas corretamente e que não tinham "palavra". Apesar da *gadinho* não constituir qualquer ameaça aos relacionamentos das *cunhadas*, também não se isentava de possíveis identificações como *safada*.

Por último, contrastivamente à *fiel* evidenciavam-se as *pontes*. Ponte era o nome que se dava às mulheres contratadas para levarem contravenções para dentro dos estabelecimentos penais. Drogas, celulares, carregadores e chips. Esses eram os principais produtos transportados pelas *pontes* que não eram consideradas, pelas *cunhadas*, ameaças aos seus relacionamentos. Ainda que se reconhecesse a possibilidade da efetivação de relações íntimas com os apenados, as *pontes* eram identificadas como prestadoras de serviço e, seja como for, jamais confundidas com as mulheres dos *presos*.

Retomando as análises precedentes, a produção da imagem da *fiel* dizia respeito à composição de elementos variáveis tais como a circunscrição de um espaço, à medida que para ser *fiel* era preciso visitar o *preso* em cadeia *favorável*; o reconhecimento público da ligação afetiva com o apenado, irrefutável perante a inscrição do nome no rol do *preso* e o assentimento da presença da mulher no "ônibus da família"; o desempenho de uma orientação de conduta específica, implicada em aderir à *caminhada*; a circunspecção enunciativa, mediante a indispensabilidade do "cuidado com a palavra"; e, por fim, a ênfase, sem qualquer hesitação, na ideia de respeito pelo marido. Respeitar o marido, como mencionado anteriormente, conferia às *cunhadas* condicionantes musicais e de vestimentas, fabricação de territórios de frequentação que, retoricamente, podiam ser fracionados de modo a colocar em relevo perímetros de convivência. Estes perímetros, como indicado, aclaravam dessemelhanças entre as mulheres que visitavam seus maridos presos.

A partir deste argumento, procurei mostrar que a diferença que as *cunhadas* traçavam entre ser *fiel* e seu oposto coloca em relevo, contrastivamente, as mulheres consideradas *coisas, talaricas, gadinhos, recalcadas, safadas* ou *pontes*. Além do fato de que antes de terem suas *caminhadas* compartilhadas (suas trajetórias de vida conhecidas), às mulheres não se associava a imagem da *fiel*. À mulher *fiel* não se atribuía o predicativo de *coisa, talarica, gadinho, recalcada, safada* ou *ponte*. Ser *fiel* era antagônico a isso tudo. O oposto à *fiel*, portanto, não era ser infiel.

Não obstante, ainda que ser *fiel* e seu contrário estabelecesse claras diferenciações entre as mulheres, os enunciados que compunham essas noções reiteravam um aspecto um tanto consistente. De modo a analisar um panorama mais heterogêneo viabilizado pelas variedades de definições elucidadas pelas *cunhadas* sobre a imagem da mulher *fiel*, exploro a seguir as contiguidades em ser *fiel*, suas adjacências, ou, nas palavras das interlocutoras dessa pesquisa, "os tipos de mulheres que estão na caminhada".

As adjacências da *fiel*

Jacque, aqui você vai encontrar três tipos de mulheres: as que amam o ladrão, a família do preso, mulher fiel que enfrenta a caminhada do começo ao fim com todo o sofrimento. As mães que amam os seus filhos. E mulheres que gostam de cadeia, gostam de ladrão, do crime e só querem status. Estas muitas vezes conhecem o preso na cadeia, só no perreco no celular e quase nunca aguentam até o fim.

Durante a minha permanência em campo, não foram poucos os relatos que marcavam uma divisão categórica entre as mulheres que visitavam os apenados no *sistema*, como indica o trecho da conversa com uma *cunhada* exposto acima: "aqui você vai encontrar três tipos de mulheres: as que amam o preso (...). Mães (...). E as mulheres que gostam de cadeia, gostam de ladrão, do crime". De acordo com as elucidações das interlocutoras de pesquisa, o que dava o tom a diferenciar as visitas nos estabelecimentos penais era, sobretudo, o modo como se constituía a relação com o apenado. Como veremos, não necessariamente se condicionava à proeminência da relação anterior ao evento-prisão.

Antes, contudo, ainda que não constitua o esforço central dessa etnografia, ressalto que a figura da mãe, no que concerne à sua tipificação como mulher, não era pauta de grandes discussões e, muito menos, discordâncias entre as mulheres. Os discursos das *cunhadas* enfatizavam que as mães dos apenados (mesmo que houvesse casos isolados a subverter esse consenso) eram consideradas as mulheres que estavam na *caminhada* por amor incondicional ao *preso*:

> Pra mim, guerreiras são as mães dos presos que passam por todo esse sofrimento e não têm nenhuma compensação. As mulheres ainda têm os benefícios de ser a mulher do cara, né? Você sabe. Vem, faz visita íntima. Vive coisas boas com o preso. Tão lado a lado. Sem contar que tem umas que o preso banca, as que vêm porque tem filho com o cara ou porque querem engravidar. Agora a mãe é só o sofrimento de ver o filho nessa

situação. É só por amor que essas mulheres estão aqui. Não tem nenhum outro interesse.

Sobre as *cunhadas*, conforme mencionei acima, semeava-se a ideia de que havia mulheres que gostavam do *ladrão*, nas palavras da *cunhada*, "as que amam o ladrão, a família do preso, mulher fiel que enfrenta a caminhada do começo ao fim com todo o sofrimento" e mulheres que "gostam de cadeia, gostam de ladrão, do crime e só querem status". Apesar de reunidas em um único "tipo" de mulher à medida que contrastava da *fiel*, gostar de cadeia, de ladrão, de crime e desejar status, operavam algumas diferenças passíveis de apreensão mediante a convivência privilegiada com as *cunhadas*. De acordo com a fala de uma de minhas interlocutoras de pesquisa:

> Uma coisa é você ter uma história, uma casa, filhos, uma estrutura aqui fora com o ladrão. E, apesar dele ser do corre, amar e não abandonar ele no sofrimento. Você é a mulher do cara. Outra, muito diferente, é pagar de mulher de ladrão por causa de status, dinheiro e carrão. Quando a casa cai, nega, e a cadeia vem, estas minas saem fora na primeira oportunidade. Quem gosta do crime, não aguenta o sofrimento.

Gostar do *ladrão* ou de ladrão, portanto, estava diretamente relacionado com ser "a mulher do cara" e "gostar do crime", respectivamente. Assim como gostar do *ladrão* estava condicionado à esfera do "amor" e gostar de ladrão à esfera do "status". Mais especificamente, as mulheres que justificavam a *caminhada* com o fato de gostar do *ladrão*, segundo o argumento da *cunhada* acima, tinham uma "estrutura aqui fora com o preso", o que dizia respeito à existência de uma casa, filhos, de uma história. História como sinônimo de vida. Uma vida compartilhada entre os dois, precedentemente ao evento-prisão, de onde brotavam sentimentos como o "amor", sinônimo de afeição, apreço, que não as permitiam "abandonar [o preso] no sofrimento". O que não quer dizer que as mulheres que gostavam de ladrão não tinham uma história anterior à cadeia com o apenado. Como indica a mesma *cunhada* ao sublinhar a possibilidade da prisão ("Quando a casa cai, nega, e a cadeia vem"), as mulheres que gostavam de ladrão também partilhavam momentos anteriores ao evento-prisão com o *preso*. Contudo, fundamentavam a relação em "status", o que era equivalente a priorizar dinheiro e bens materiais, não sentimentos, como as mulheres que gostavam do *ladrão*. O que as distinguia de fato, para além do princípio fundamentador da relação, "amor" ou "status", é que "estas minas saem fora na primeira oportunidade. Quem gosta do crime, não aguenta o sofrimento". Mulheres que gostavam de ladrão, portanto, não suportavam a *caminhada* até a liberdade do apenado. Elas gostavam do *crime* e fundamentavam os seus relacionamentos em "status", em outras palavras, em dinheiro e benefícios materiais. Dessa maneira, elas não se confundiam com a *fiel*. As mulheres que gostavam do *ladrão*, o que era equivalente a gostar do *preso*, de modo distinto, baseavam seus relacionamentos em atos e efeitos de sentir, no que chamavam de amor. Estas, sim, podem ser consideradas *fiéis*.

Assim, gostar de ladrão e gostar do *crime* eram proposições correspondentes fundamentadas no prazer pelo "status". Não obstante, o terceiro "tipo de mulher" elucidado na primeira fala transcrita neste tópico refere-se também à existência de mulheres que gostavam de cadeia. Nas palavras da *cunhada*: "E mulheres que gostam de cadeia, gostam de ladrão, do crime e só querem status". Como dito anteriormente, ainda que todas estas fossem classificadas como o terceiro "tipo de mulheres" na *caminhada*, alguns acontecimentos possibilitaram a apreensão de certas disparidades em suas definições. A história de uma *cunhada* figura esta afirmação.

Em uma das sextas-feiras rumo à Cerejeira, ainda em São Paulo, eu carregava o ônibus com refrigerantes e águas junto às moças que auxiliavam Nicole em suas vendas. Chovia muito naquela noite e mesmo assim havia uma grande quantidade de mulheres ansiosas pelo dia de visita nos estabelecimentos penais paulistas. Movida pela minha falta de habilidade em segurar ao mesmo tempo o guarda-chuva, a porta do bagageiro e os três fardos de refrigerante em lata, uma mulher gentilmente aproximou-se para me ajudar. Não nos conhecíamos, a despeito de eu viajar há mais de três meses àquela altura. Isso não seria nada estranho, caso as moças que carregavam as bebidas comigo também não a conhecessem, mas elas se conheciam. Cumprimentaram-se, nominalmente, sem qualquer sinal da possibilidade da mulher ser nova por ali. Fiquei aflita em não me lembrar da mulher que generosamente segurava a porta do bagageiro para mim. Conversamos por alguns minutos, mas somente dentro do ônibus, diante da recepção calorosa que recebera de algumas passageiras, pude saber que a *cunhada* era "da antiga". Viajamos uma ao lado da outra. Entre assuntos sobre o cotidiano, o trabalho e a minha presença entre as visitas, a *cunhada* me contou sua história. Segue um trecho de sua narrativa:

> Nossa, menina! Que dia pra visitar, hein? Olha essa chuva. Depois de um dia inteirinho de trabalho, ter que atravessar a cidade na chuva pra chegar aqui, viajar a noite todinha, ninguém merece. E olha, eu passei muitos anos da minha vida fazendo isso. Todos os finais de semana. Era pra tá acostumada, né? Mas acho que ninguém se acostuma com essa vida, não. Meu marido ficou preso oito anos. Na primeira saidinha que ele teve decidiu não voltar pra cadeia. Ficou foragido. Isso tem dois anos. Agora ele foi capturado. E olha eu aqui de novo.

Logo após a visita do sábado, esta *cunhada* (que chamarei de Ruth) voltou para São Paulo no ônibus do bate e volta. No domingo, às 4h da manhã após uma das noites que dormi na pensão, duas *cunhadas* também consideradas "das antigas" conversavam na cozinha enquanto esquentavam a comida do *preso* e tomávamos café:

> *Cunhada* 1: você viu quem tá de volta?
>
> *Cunhada* 2: não. Quem?

Cunhada 1: é das antigas.

Cunhada 2: ah! Fala logo!

Cunhada 1: a Ruth.

Cunhada 2: mentira, menina! Ela tá aqui de novo? Nossa! Impressionante como todo mundo aqui vai embora, depois de um tempo volta e nada do meu marido sair. Só eu não tenho férias da cadeia. Mas a Ruth não casou com outro cara? Não sabia que ele também era do corre.

Cunhada 1: não. Não era do corre. Ela casou com um Zé povinho, trabalhador. Mas quando soube que o ex tava preso de novo, não precisou de muitas cartas pra ela ficar com dó e começar a visitar.

Cunhada 2: ficou com dó? Dó? Ela pedalou com o cara até o fim, não deu certo na rua, ficou livre do cara, casou com outro e quando o ex vai preso ela volta com ele?

Olhou pra mim e continuou:

Viu, Jacque, o que é mulher que gosta de cadeia? Isso é gostar de cadeia. É não perder a oportunidade de visitar alguém. A Ruth é do tipo de mulher que gosta de cadeia.

Como sugere a fala da *cunhada*, não havia relação direta entre as mulheres que gostavam de cadeia e as mulheres que gostavam do *crime*, ou de ladrão. O comentário da *cunhada*, "Isso é gostar de cadeia. É não perder a oportunidade de visitar alguém", enfatiza que gostar de cadeia condicionava a mulher a visitar o apenado mesmo que não nutrisse um forte sentimento por ele ou desejasse uma posição privilegiada e benefícios materiais. Diferentemente de "status", dinheiro, ou de atos e efeitos de sentir "amor", o substrato do relacionamento das mulheres que gostavam de cadeia era o próprio evento-prisão. Logo, como uma afirmação provisória, somente o fato de ter o homem "atrás das grades" era o que instigava as mulheres que gostavam de cadeia.

Afinal, o que havia "atrás das grades"? Incontáveis justificativas, por mulheres diferentes, em momentos diversos, foram-me elencadas a respeito dos possíveis motivos que conduziam as mulheres a gostarem de cadeia. Seria descuidado, desse modo, dizer que a cadeia lançava algum tipo de feitiço sobrenatural sobre as mulheres. Como deixou evidente o trecho da conversa com a *cunhada*:

> O cheiro da cadeia, o cuidado do preso com sua mulher, a dedicação que ele tem, o carinho. São muitas as provas de amor. Eles tatuam nossos nomes, escrevem cartas e telegramas todos os dias. Dão presentes nas visitas. E estão sempre preocupados com suas mulheres. Não tem homem mais apaixonado por sua mulher do que um homem preso. Há quem pense também que a possibilidade de traição é menor. Homem preso, mais segurança. Ah! E o sexo. Jacque, o dia que você fizer sexo na cadeia, com um homem preso, você vai entender porque essas mulheres não querem saber de homens na rua.

As mulheres que gostavam de cadeia, segundo minhas interlocutoras de pesquisa, não costumavam "abandonar a caminhada". Nesse sentido, elas poderiam ser consideradas mulheres *fiéis*, afinal, como demonstrado, era sobretudo esta omissão das mulheres que gostavam de ladrão ou do *crime* que inviabilizavam seus reconhecimentos como *fiéis*. Não obstante, o fato de não estabilizarem o relacionamento na *rua* e sua recorrência na *caminhada,* em certos casos com presos diferentes, não garantia a qualidade de *fiel* às mulheres que gostavam de cadeia.

Gostar do *ladrão*, por outro lado, nutrir um sentimento de afeição, ter "amor" pelo apenado, como motivação à *caminhada,* qualificava a mulher como *fiel*. Do mesmo modo, ser considerada "mulher do cara", "mulher do preso", como indicam algumas falas acima e também o trecho da conversa com uma *cunhada* que exponho a seguir, igualmente atribuía às mulheres a qualidade de *fiel*:

> Uma coisa é ser a mulher do preso, outra é ser esquema. Essa falta de disciplina aqui na porta da cadeia é por causa desse bando de esquema de preso, jamais por causa das mulheres dos caras. Além de não ter disciplina, esquema de preso é passageiro. Elas nunca vão até o fim da *caminhada*. Só a mulher do preso mesmo pra ir até o fim.

Como já enfatizado, "ir até o fim da caminhada" era um elemento indispensável à mulher *fiel*. A fala da *cunhada* acima enfatiza esta especificidade das mulheres consideradas "esquema": "elas nunca vão até o fim". Nesse sentido, além de não permanecerem com o apenado até a sua liberdade, as mulheres "esquema" também eram avaliadas como sem *disciplina* (cf. capítulo 2). Às mulheres consideradas "esquema de preso", diferentemente das "mulheres dos presos", faltava *disciplina* e, desse modo, não poderiam se identificar com as mulheres *fiéis*.

Em síntese, a imagem da *fiel* circunscrevia um espaço possível de visita; envolvia a publicização do relacionamento com o apenado; uma dedicação ao marido em consonância aos *sacrifícios*, ao *proceder* e à *disciplina* implicados em aderir à *caminhada*; a circunspecção enunciativa; e a ideia de respeito pelo marido e suas derivações, como entraves concernentes às vestimentas e ao gênero musical, a fabricação de territórios de frequentação e dos perímetros de convivência. Analisar a noção de *fiel* mediante a concentração nas práticas discursivas das *cunhadas*, o que chamei de adjacências da *fiel*, aflora um panorama heterogêneo de mulheres *fiéis* na *caminhada*: as mulheres que gostavam do ladrão, que gostavam do *preso*, a "mulher do cara", a "mulher do preso". Estas mulheres distinguiam-se das mulheres "esquemas", das que gostavam de ladrão, do *crime*, de cadeia, por fundamentarem seus relacionamentos no "amor", em sentimentos como a afeição e o apreço, o que as fazia permanecer na *caminhada* até a liberdade do apenado, "até o fim".

Havia, contudo, uma variedade de definições das *cunhadas* concernentes ao que se entendia por mulher do *preso*, do cara, do *ladrão*, enfim, entre as *fiéis*, que não se encerrava no desabrochar dos sentimentos afetuosos avessos aos prazeres materiais, de "status" ou mesmo em ter um marido "atrás das grades", que, por contraste, também contribuíam para construção adjacente à *fiel*. Colocar o marido a par de todos os acontecimentos cotidianos e carecer de seu consentimento nas decisões diárias a serem tomadas, eram, igualmente, formulações sensíveis à ideia de *fiel* que evocavam claras divergências entre as *cunhadas* sobre o que era ser a "mulher do preso":

> Não posso arrastar o meu marido. Ele está preso, preciso manter a sua reputação na rua. E não só na rua. Dentro da cadeia também. Não olho e não converso com nenhum outro preso. Não entro com roupas que marquem meu corpo. Inclusive hoje eu me ferrei, tá vendo? Entrei com essa blusa de frio e por baixo uma regata. Passei um calor danado para sair da cadeia porque não ia sair só de regata, né? Por mais que seja uma cadeia do Comando, não sabemos quem são os presos, sobretudo os que acabam de chegar. A cadeia aqui é fora do ar e não dá pra saber nada dos que acabam de chegar de bonde, não se sabe se é talarico, estuprador, vai saber... Eu tenho que fazer o meu papel como mulher do preso. Não devo andar com roupas insinuantes. Além de manter a reputação do meu marido, como sua mulher, tenho que contar tudo o que acontece do lado de cá da muralha. Conto tudo o que acontece para ele, pelas cartas, pelas visitas. Tem oito anos que ele está preso, mas sabe de tudo, tudo, tudo que acontece aqui fora. E mais, ele tem participação em todas as decisões da

> minha vida. É como se ele estivesse em casa. Não tomo nenhuma decisão sem a sua opinião.

A fala da *cunhada* sugere que, como "mulher" do apenado, deveria compartilhar todos os acontecimentos do *mundão* com o marido, além de consultá-lo sobre as diretrizes cotidianas. Este era o "papel" da mulher, como "mulher" para a *cunhada*.

Todavia, de modo distinto, uma segunda *cunhada* opera esta formulação de ser "mulher do preso":

> Eu sou a mulher do preso, não sou o seu lagarto [aquele que atende a todas as disposições de outro]. Venho aqui porque eu gosto de dar pra ele e não pra passar caminhada da rua. Quer saber da rua? Então não faz coisa errada e seja preso. Não saio com carta, não passo recado. Acha? Aí fica muito fácil tirar cadeia.

Ser "mulher" do apenado, conforme a circunstância narrada pela segunda *cunhada*, ganha sentido mediante o contraste com a formulação "não sou o seu lagarto". Esta formulação indica que, para a *cunhada*, contar ao *preso* tudo o que se passa na "rua", partilhar seus impasses diários, configura, antes, uma relação de interesse do preso sobre a *cunhada*, do que num "papel" de "mulher" como sugerido na fala da *cunhada* anterior. Ser a "mulher do preso", nesse caso, condiciona-se aos próprios desejos e anseios da *cunhada*.

Uma terceira interlocutora contribuiu com sua opinião:

> As mulheres só perdem com isso de contar tudo pro preso. Quanto mais elas falam do que acontece aqui fora, mais elas perdem. São cada vez maiores e mais graves as cobranças dos maridos para colocar as suas mulheres na disciplina. Uma vez eu precisava entrar com uma situação na cadeia, que na verdade a gente

tinha pagado pra uma ponte que correu em cima da hora. Os meninos precisavam da situação, então resolvi eu mesma entrar. Pra tomar coragem fui com uma amiga, que também ia visitar, até um bar. Tomamos uma cachaça. Pra dar coragem, sabe? Quando cheguei no barraco do meu marido ele já estava sabendo que eu estava no bar. Como? Alguma mulher que entrou antes passou a caminhada pro marido que passou pro meu. Ele não questionou nada, nem perguntou da situação. Pegou uma faca improvisada, cortou todinho o meu cabelo e saiu do barraco. Eu fiquei muito nervosa. Quebrei o barraco inteirinho, peguei as minhas coisas e fui embora. Eu não podia fazer isso. Arrasta o preso, sabe? Mas eu fiquei cega. Quando ele viu que eu tinha saído do barraco ficou furioso. Você sabe que a mulher não pode sair do barraco sem o marido, né? Aqui nessa cadeia é assim. Ele foi atrás de mim, eu saí correndo, ele correu. Quando entrei na gaiola[4] e o funcionário fechou o portão, mostrei os dois dedos do meio e disse 'aqui ladrão'. O funcionário queria que eu fizesse um b.o contra o preso, mas acha? Disse que não seria necessário, que em menos de dois meses já estaria lá dando pro ladrão de novo. E não é que tava mesmo? O que eu quero dizer com isso é que as próprias mulheres dos caras se arrastam. Já entram na cadeia contando tudo o que acontece aqui fora. Desse jeito cada vez mais as mulheres dos presos vão ser podadas. Ninguém ia saber que ouvimos funk aqui fora ou bebemos, se elas mesmas não levassem lá pra dentro.

---

4   Gaiola são os portões que separam os raios das sessões administrativas da prisão. É como uma gaiola, com dois portões (o que dá acesso ao raio e o que dá acesso às sessões administrativas). Um portão só é aberto quando o outro está fechado.

O comentário da *cunhada* mostra que falar tudo para o marido tem como efeito alguns constrangimentos às mulheres. "As mulheres dos caras", em seus termos, eram prejudicadas por dividirem todos os acontecimentos do *mundão* com o *preso*. Para a *cunhada*, este estímulo para que falassem tudo sobre elas não significa que eram usadas pelo apenado, que eram tratadas como seus *lagartos*, como considera a segunda *cunhada*. Tampouco conferia qualquer positividade à mulher, como sugere a fala da primeira *cunhada* que se orgulha desta atitude ao enfatizar que esse era seu "papel" como "mulher". Diferentemente disso, a fala da terceira *cunhada* indica que ser "mulher" do apenado correspondia a pensar em benefício das mulheres em contraposição à formulação de que era preciso passar a *caminhada* da rua ao *preso*.

Diante das variações a respeito do que era ser "mulher", entendidas como contiguidades à imagem da *fiel* e explicitadas nos trechos antecedentes por meio da ideia do estímulo para que as *cunhadas* compartilhassem absolutamente todos os acontecimentos cotidianos com os apenados, compreende-se que ser *fiel*, ainda que se estabelecesse retoricamente uma imagem bastante sólida, aparecia como efeito do que as *cunhadas* absorviam e liberavam face às circunstâncias que experimentavam, assim como um olho que interpreta a reemissão de luz de algum objeto por meio de ondas eletromagnéticas. Sabemos que um mesmo comprimento de onda pode ser percebido de modos diferentes entre as pessoas.

Logo, as *cunhadas* matizavam suas concepções e atuações mediante a imagem da *fiel*. Imagem desenhada como o âmago de onde se produziam os enunciados mais heterogêneos à medida que dele se afastavam e mais homogêneos quanto mais dele se aproximavam. As concepções e as atuações matizadas pelas *cunhadas* não deixavam de constituí-las como mulheres *fiéis*, ainda que impregnadas de possíveis opostos e adjacências.

"Só a fiel vai até o fim"
Negociações e investimentos das *cunhadas*

"Só a fiel vai até o fim". A frase enunciada pelas *cunhadas* claramente evidenciava uma distinção entre a *fiel* e as demais mulheres que visitavam no *sistema*. Mostrei no subcapítulo anterior como o enunciado "aqui quem fecha é a fiel" também garante distinção às mulheres que visitavam apenados, à medida que ser *fiel* as qualificava positivamente, sobretudo, pela condição de realização da *família*-completa. Discorri, dessa forma, sobre os elementos que compunham a ideia de *fiel* e seus contrastes, não sem deslizar por discursos mais rígidos e mais variados. Este caráter variável aclarou a heterogeneidade de práticas discursivas mobilizadas pelas *cunhadas* a compor a ideia de *fiel*, como explorado no tópico sobre as adjacências da mulher *fiel*. A apreensão desta heterogeneidade enunciativa também enseja a argumentação a seguir, sobre as táticas e negociações colocadas em ação pelas *cunhadas*. "Só a fiel vai até o fim" nos sugere a ideia de ação, deslocamento, destino, propósito ou investimento. De um estado intencional indissociável às práticas das *cunhadas* que estavam na *caminhada*. É acerca desta dimensão intencional que esse subcapítulo se concentra.

Como mencionei no início deste capítulo, a *família*-completa caracteriza-se pela teleologia. Ainda que sua realização só se efetivasse no futuro, com a liberdade do *preso* e, principalmente, pela existência da mulher *fiel*, ela era virtualizada no presente em forma de projeto. Era desse modo que as três noções de família elucidadas pelas *cunhadas* coexistiam no tempo presente: a *família*-completa como projeto, a *família*-imperfectiva implicada no evento-prisão e a *família*-manutenção como ato presente, o feito, diante do propósito em tornar a *família* incompleta em plena. A realização deste projeto, acentuo, era alimentada pelas mulheres por meio da *família*-manutenção. O que colocava em relevo o estado intencional intrínseco à atualização das orientações de conduta, ao desempenho dos procedimentos envolvidos na adesão à *caminhada*, à disposição em atender aos enunciados dispostos em ser *fiel*, que, dessa maneira, podem ser considerados investimentos das *cunhadas* e não aniquilação da própria vontade ou possível submissão aos seus maridos.

O elemento intencional evidenciado pela *família*-manutenção confere luminosidade à ideia de resistência. Indissociável da existência das *cunhadas*. Inseparável do modo como experimentavam o mundo, ao menos, no que toca às circunstâncias etnografadas, ao evento-prisão. A convivência privilegiada com as *cunhadas* desanuviou as negociações e as táticas mobilizadas consonantes à composição da *fiel*, que se tornaram, sobretudo, evidentes diante da expressão "meter o louco". "Meter o louco", como mencionado no início do capítulo, trouxe visibilidade às relações estabelecidas entre *cunhadas* e *presos* por vezes subsumidas ao olhar desprivilegiado, distante ou desfocado das minúcias que lhes dão formas. Como as *cunhadas* condicionavam as situações de modo a prevalecer suas vontades, desejos, prazeres e anseios face aos dos seus maridos, sem, contudo, concretizar um embate com seus maridos? Sem se desgastar? Sem arriscar seu projeto em busca da *família-plena*? Possivelmente, eram muitos os mecanismos operacionalizados pelas mulheres de modo a satisfazerem convenientemente estes fins. Mecanismos que sugiro imprimir um efeito-resistência, dos quais o "meter o louco" constituirá o centro dos esforços analíticos na primeira parte deste subcapítulo.

Por fim, diante do fato de que a pesquisa etnográfica não me isentou dos frequentes comentários concernentes às mulheres "submissas", na segunda parte deste subcapítulo concentro-me na aparente dissonância que brota da coexistência de um efeito-resistência indissociável das práticas das *cunhadas* e de não raras atribuições do adjetivo "submissa" às mulheres que visitavam seus maridos na prisão.

"Então eu meto o louco"
A produção de um efeito-resistência

Meu marido sempre pede pra levar salada de frutas no jumbo. Compro as melhores frutas do mercado, as da época, sabe? Descasco, corto em pedaços bem pequenos e coloco no saco transparente. Na frente do funcionário, na revista, misturo o leite condensado nas frutas. O meu marido começou com uma história de que não precisava misturar leite condensado para não me dar trabalho. Achei muito estranho. Na rua, nem fruta ele comia. Sem leite condensado? Conversa estranha. Tudo bem que dentro da cadeia eles mudam muito os hábitos alimentares, mas mesmo assim era estranho que ele me pedisse isso. Mas, se ele não falou a real, saquei que eu não tinha que saber e com certeza eu não ia gostar. Pensei, "vou continuar colocando o leite condensado". Conversando com as cunhadas, entendi que as frutas eram para fazer pinga. E com leite condensado não rola. Você sabe que os presos fazem pinga deixando as frutas apodrecerem? É muito nojento. Eu não quero que o meu marido tome isso. Mas não vou dizer isso pra ele porque vou arrumar uma briga enorme. Então eu meto o louco e boto o leite condensado. Falo que é muito mais gostoso e que eu quero fazer tudo de melhor para ele. Faço um carinho aqui, outro ali e já era.

Este trecho da conversa com uma *cunhada* sugere um aparente controle da situação pela mulher, sem qualquer oposição declarada, de modo a resistir ao pedido do apenado. Nitidamente a interlocutora diz "meter o louco" com a intenção de evitar "uma briga enorme". Aprende-se, dessa forma, diante de um pedido do marido que a *cunhada* preferiu se esquivar, o modo como escolheu conduzir suas ações. Assim, ao "meter o louco" ("Falo que com leite condensado é muito mais gostoso e que eu quero fazer tudo de melhor para ele. Faço um carinho aqui, outro ali e já era") esta mulher operava a proeminência dos seus desejos travestida de excesso de cuidado com o *preso*. Nessa circunstância, ao evidenciar sua disposição em fazer o melhor para o marido, nas suas palavras, ao "meter o louco", a *cunhada* operava nos termos da sedução. À medida que cativava o *preso* de modo a fazer com que as coisas acontecessem à sua maneira, sem, contudo, abrir possibilidades para que o apenado reconhecesse que as suas vontades não eram atendidas.

Após uma noite fria e desgastante até Cerejeira, fortemente prejudicada por uma batida policial e problemas mecânicos no ônibus, conversava com uma *cunhada* na cozinha da pensão onde, apressadamente, as visitas esquentavam as comidas e tomavam café. A *cunhada* falava-me de sua indisposição em entrar na cadeia naquela manhã:

> Ai menina, com esse frio, tô de boa de ficar naquela espera lá na porta, tirar a roupa na revista, tomar banho gelado no barraco. Vou ficar aqui na pensão, descansar, dormir direito. Eu trabalhei muito ontem. Tô cansada. Chega lá o preso quer falar, falar. Saber, saber. Com razão, né? Fica lá no sofrimento. Mas eu não tô com saco hoje. Amanhã eu entro e vejo o preso. Dou toda a atenção. Meto o louco que eu tava no último dia de menstruação, com cólicas. Eu sempre tenho cólicas no último dia. Fora que ele sabe que eu odeio passar na revista menstruada. E, olha, 'mesmo assim eu vim pra ficar com você, porque eu não consigo ficar longe. Ontem foi horrível, estar tão perto, mas sem condições de entrar', é o que eu vou dizer pra ele.

A conversa indicava que ao "meter o louco", antes de obliterar a proeminência de seus desejos pelo excesso de cuidado com o *preso* como no caso elucidado anteriormente, a *cunhada* tinha em mira despertar no apenado a complacência diante da enfermidade que a afligia. A suposta cólica proveniente da fictícia menstruação, em consonância à cruel passagem pela revista íntima, era o argumento da *cunhada* a negociar com o *preso* sua ausência na visita do sábado, e evitar possíveis desavenças. O frio, o cansaço, a impaciência que abatiam a *cunhada*, provavelmente não consolidavam justificativas suficientemente capazes de promover a negociação com o apenado. Ainda assim, de modo a resistir à visita naquela manhã de sábado, sem, por outro lado, promover graves consequências direcionadas a ela, a *cunhada* visava estimular em seu marido a transigência face às adversidades do período menstrual.

Sedução, complacência, a expressão "meter o louco" ensejava também um ato reivindicativo ao apenado. Como sugere o diálogo a seguir:

> *Cunhada*: menina! Você ainda tá por aqui?
>
> Eu: eu tô. Você sumiu, achei que não te veria mais. Esqueceu o ladrão, é?
>
> *Cunhada*: é, esse ladrão não tá me merecendo, não. Tô dando um susto nele, tá ligada? O ladrão tá folgado, me dando muita multa [pedindo muito dinheiro]. Sumi pra que ele sentisse a minha falta e ficasse preocupado. Agora eu meto o louco que tava doente pra não ter problema. E lembro o quanto é ruim ficar sem minha visita pra ver se ele para de testar o meu amor.

Estávamos em frente ao bagageiro aberto a expor os *jumbos* e as malas coloridas das visitas, ainda em São Paulo a poucos minutos de partirmos para Cerejeira, quando a *cunhada* salientava, além da intenção em atribuir ao apenado o sentimento de complacência face à enfermidade (evidenciado na frase "eu meto o louco que tava doente"), um aspecto reivindicativo mediante o aborrecimento que lhe causava algumas atitudes do *preso*: "Tô dando um susto nele, tá ligada? O ladrão tá folgado, me dando muita multa. Sumi pra que ele sentisse a minha falta e ficasse preocupado". Ciente de que sua ausência injustificada poderia lhe causar infortúnios e que confrontar o marido não seria a melhor das alternativas, a *cunhada* "meteu o louco" através da doença e por meio da atualização de uma ação passada ao lembrá-lo o quão ruim era o seu desaparecimento:

"E lembro o quanto é ruim ficar sem minha visita pra ver se ele para de testar o meu amor".

A atitude da *cunhada*, assim como nos exemplos anteriormente explorados, evidenciava o estado intencional indissociável das táticas e negociações das mulheres nas relações com seus maridos. Este estado intencional impresso às práticas discursivas das *cunhadas* a operacionalizar a proeminência de suas vontades e desejos face às disposições e aos anseios dos seus maridos é o que chamo de efeito-resistência.

É verdade que a análise a partir da expressão "meter o louco" torna quase imperceptível a distinção entre o modo como as mulheres conduziam suas ações no evento-prisão, de ações motivadas pelo repúdio. Logo, acentuo que este efeito-resistência nada tem a ver com uma "grande recusa", assim como também sugere Pugliese (2009: 174) em suas análises sobre o "Caso Marie Curie". O autor mostra como o "dispositivo experimental" da radioatividade (um "acontecimento" produzido por Marie Curie) propiciou "uma fissura no poder que empurrava as mulheres para fora" (: 125). Inspirado nas contribuições de Foucault (2006; 2008) a respeito da heterogeneidade do poder, Pugliese propõe um "agenciamento de resistência (...) um fenômeno que se move para suplantar um esquema de modificações nas matrizes do poder para fazê-lo variar" (: 102). Ainda que eu tenha chamado de efeito-resistência e o autor de "agenciamento de resistência", parece-me haver ressonância nos modos como articulamos a noção. No que concerne a esta etnografia, a sedução, o estímulo à complacência, a reivindicação e os outros tantos possíveis mecanismos mobilizados convenientemente pelas *cunhadas* de modo a garantir sua própria satisfação, antes que um embate declarado, deslindavam os investimentos promovidos indissociavelmente às atualizações de orientações de conduta, aos procedimentos envolvidos na adesão à *caminhada*, às disposições em atender aos enunciados dispostos em ser *fiel*. Desanuviavam, dessa forma, um efeito-resistência.

"Elas são submissas porque são as mulheres dos caras, né?" A insubmissão das mulheres

Como já mencionado, recorrentemente ouvia-se entre as *cunhadas* a atribuição da qualificação de "submissa" a algumas mulheres que igualmente visitavam seus maridos na prisão. Diferentemente dos outros predicativos atribuídos a elas, que fracionavam um território de frequentação em perímetros de convivência por contrastar da imagem da *fiel* (*gadinho, talarica, safada* ou *ponte*) ou mesmo de suas adjacências (gostar de ladrão, de cadeia, do *crime* e desejar riquezas), a qualificação de "submissa" não obstruía a possibilidade do reconhecimento da mulher como *fiel*. Como se verá, ser "submissa" figurava um sentido bastante negativo entre as *cunhadas*. A atribuição da adjetivação constituía uma dimensão claramente ofensiva entre as mulheres.

Esta dimensão ofensiva tornava-se evidente, sobretudo, nas histórias narradas a respeito das mulheres que na *caminhada* eram traídas pelo marido. Segundo uma interlocutora de pesquisa:

> Os presos que querem receber a amante, as gadinho, as talaricas, compram o rol de algum preso que não tem visita de mulher. Ela entra como se fosse visita do preso sem visita, mas se relaciona com o que pagou pelo rol. Porque num mesmo rol não pode colocar o nome de duas mulheres.

Ao ouvir essa história, perguntei se não havia casos de mulheres que descobriam essas traições e a *cunhada* esclareceu:

> E como, menina! Quase sempre as mulheres descobrem. Aqui tem sempre alguém pra contar. Mas elas são tudo submissas. Fazem de tudo pelo marido e quando descobrem as traições são capazes de apanhar quietas. Isso é falta de amor próprio.

O esclarecimento da *cunhada* tornava evidente a negatividade implicada em ser considerada uma mulher "submissa". Ainda que muitos comentários, por vezes diversos e contraditórios, a respeito da submissão das mulheres fossem feitos na porta da cadeia, nunca presenciei uma acusação pública que garantisse o conhecimento daquela avaliada como "submissa". Ser qualificada nestes termos, portanto, fugia completamente ao controle das mulheres. Desse modo, o não reconhecimento da própria submissão suprimia a possibilidade de defesa, do *debate*, do estabelecimento de uma "verdade" ou do "certo". Comentários públicos de domínio localizado, independentes de consenso e reconhecimento próprio, eram o que se produzia na porta da cadeia a respeito da adjetivação "submissa".

Ainda assim, muitos comentários a respeito da existência de mulheres "submissas" eram tecidos entre as *cunhadas* na porta da cadeia. Diante disso, como seria possível que se manifestasse em um mesmo território existencial um efeito-resistência indissociável às práticas discursivas das mulheres (como elucidado acima por meio da ideia de "meter o louco") convergentemente à existência de mulheres "submissas"? Mulheres "submissas" e, por assim dizer, mulheres resistentes poderiam, de fato, coexistir?

A conclusão de que a separação substantiva entre mulheres "submissas" e mulheres resistentes seria empiricamente inadequada, ainda que correta, é insuficiente para compreender a coexistência dessa aparente contradição. A variedade de enunciados sobre as mulheres na *caminhada* em busca da constituição da imagem da *fiel*, à medida que realçava seus contrários (*gadinho, talarica, safada* e *ponte*) e suas adjacências (gostar de ladrão, do *ladrão*, do *crime*, de cadeia, mulher do cara, mulher do preso etc.), inspirava o argumento de que múltiplas combinações de elementos constituíam as *cunhadas* como mulheres, mesmo que se tratasse de elementos aparentemente contraditórios. Além disso, com já mencionado, ser "submissa" escapava ao domínio das assim avaliadas.

No subcapítulo anterior, por meio da ideia de "meter o louco" e dos mecanismos intencionais de sedução, complacência e reivindicação, mostrei que o efeito-resistência operacionalizava a proeminência das vontades e dos desejos das mulheres em detrimento das disposições e dos anseios dos seus maridos, antes de condicionar a renúncia da própria vontade. Resta-me agora deslindar o sentido atribuído pelas *cunhadas* à noção de "submissa". De modo a compreender o funcionamento desse aparente oximoro entre resistência e submissão.

Ressaltei anteriormente o caráter público dos comentários tecidos a respeito da adjetivação "submissa", além do seu domínio localizado, sua independência de consenso e propriedade de reconhecimento. Não obstante, ao prosseguir o diálogo com a *cunhada* sobre as traições nos estabelecimentos penais e seus decursos, pedi que me explicasse sua opinião a respeito do fato das mulheres que descobriam as traições dos maridos serem "tudo submissas. Fazem de tudo pelo marido e quando descobrem as traições são capazes de apanhar quietas. Isso é falta de amor próprio", como havia me dito.

> Ah! Elas são submissas porque são as mulheres dos caras, né? Não é qualquer *gadinho* que vai acabar com o casamento. E outra, essas mulheres têm casa própria, carro do ano, dinheiro, filhos com o cara. Têm uma vida juntos. O ladrão banca tudo. Acha que vai largar por causa de uma traição? Abandonar tudo isso?

Apreende-se, das falas da *cunhada*, que ser "submissa", inicialmente, possuía exclusivamente um sentido negativo. Vinculado à carência de "amor próprio" a justificar a submissão das mulheres que descobriam as traições de seus maridos e, a despeito disso, trabalhavam em busca de seu bem estar. Posteriormente, a fala da *cunhada* acima, sugere uma superfície estratégica em ser "submissa" ao acentuar uma positividade em ser considerada "mulher do cara".

Especificamente, ser "mulher do cara" ensejava, em primeiro lugar, que a *cunhada* era publicamente reconhecida como a mulher do *preso*. Reconhecimento garantido pelo nome inscrito no rol do apenado e pelo "aval" para viajar no "ônibus da família", como explicitado anteriormente.

Em segundo lugar, a ideia de "mulheres dos caras" fomentava sua preeminência em detrimento da mulher *gadinho* ("Não é qualquer *gadinho* que vai acabar com o casamento"). Ambas as afirmações decorrem do posicionamento enfático proferido pela *cunhada* ao distinguir as "submissas" ("porque são as mulheres dos caras") das "gadinho". Certamente, diante da ênfase contrastiva sublinhada pela *cunhada*, compreendemos também que "as mulheres dos caras" possivelmente reúnem os elementos a compor a imagem da mulher *fiel*. Como observado na análise precedente, ser *fiel*, face à sua centralidade na conformação da *família*-completa, tem como terreno propício de germinação a *família*-manutenção. Esta *família*, entendida como ato de investimento das *cunhadas* e, portanto, dotada de um estado intencional, produzia, além do um efeito-resistência como demonstrado há pouco, uma superfície estratégica nas relações tidas como "submissas".

Dessa forma, a proficuidade da adjetivação "submissa" (até então analisada pelo reconhecimento das *cunhadas* como "mulheres dos caras") estabelece uma acepção compensatória ao adjetivo. Consoante ao equilíbrio entre a negatividade da traição e os benefícios decorrentes da união com o apenado. Sejam afetuosos, sejam materiais. De modo amplo, os fatores vantajosos concernentes ao relacionamento com seus homens decorriam da satisfação do estado intencional que particularmente as moviam. Esta dimensão compensatória atribuída à noção de "submissa", a combinar ofensa e estratégia, torna-se evidente em alguns relatos sobre a *caminhada* particular (no sentido de história de vida) das interlocutoras da pesquisa. Assim, transcrevo um deles a seguir:

> Desde a minha adolescência eu tinha um rolo com o preso, que não era preso, ainda. Ele foi o primeiro homem que eu beijei, transei e me apaixonei. Talvez o único que eu tenha me apaixonado de verdade. Eu amo este homem demais. Sempre amei, ele é a razão da minha vida. Mas ele sempre me traiu e me machucou demais. E, por causa disso, por muito tempo não consegui ficar com ele. Talvez ele que tenha decidido não ficar comigo,

mas eu prefiro acreditar que não tenha suportado tanta humilhação. Quando ele foi preso pela primeira vez, eu fui visitar. Terminei meu casamento da época e enfrentei a caminhada até o fim. Ele é outro homem quando está preso. Eu sei que ele me trata muito bem porque não quer perder a visita, mas e daí? Eu faço tudo por ele, pode me chamar de submissa, o que for. Eu quero estar com ele porque nada melhor do que ter um marido todo carinhoso e gentil, mesmo sendo nessa situação. Ele foi solto e a palhaçada continuou. Na verdade, ele não foi solto. Ele saiu de saidinha e não voltou pra cadeia. Na rua fingiu que eu nunca tinha existido na vida dele. Acabei casando com outro cara e, agora com 35 anos, fiquei viúva. Fiquei sabendo que ele tinha sido capturado. Eu mesma tratei de escrever pra ele dizendo que queria visitar. Não tem homem melhor do que ele. Preso, né? Sou muito feliz do seu lado, ele é minha vida. E eu sei que é só porque ele tá preso, na rua sempre é diferente e não é bom. Então, sabendo disso, eu tenho que aproveitar enquanto ele está aqui, já que estar com ele é o melhor momento da minha vida.

O fragmento destacado da história de vida de uma das colaboradoras de pesquisa ressalta claramente a escolha empreendia pela *cunhada* concernente à maneira com que estabelecia sua relação com o *preso*: "(...) e daí? Eu faço tudo por ele, pode chamar de submissa, o que for. Eu quero estar com ele porque nada melhor do que ter um marido todo carinhoso e gentil, mesmo sendo nessa situação". É certo que à noção "submissa" proferida pela *cunhada* conferia-se um sentido negativo. Contudo, diante da nítida manifestação de seus desejos e suas motivações, do caráter estratégico que a move nessa relação estabelecida com o apenado, a possível submissão vinculada à *cunhada* não pode ser considerada genuinamente negativa. Sua fala e sua convicção não nos deixam interrogações de que, ainda que "submissa", a maneira como descrevia seu relacionamento com o *preso* era a melhor forma de sentir--se satisfeita numa relação amorosa.

Parece-me não restar dúvidas de que ser "submissa" é uma qualificação não apreciada entre as mulheres. Conforme indicam os trechos transcritos das falas das *cunhadas*, ser "submissa" conectava-se à insuficiência de reação das mulheres diante da violência física empreendida pelos maridos. Diante também do conhecimento das traições sofridas. Depois, à dedicação incondicional ao *preso* sobreposta às humilhações suportadas de suas ações. "Falta de amor próprio", "capazes de apanhar quietas". De fato, ser considerada "submissa" entre as *cunhadas* não desqualificava o sentido recorrentemente atribuído ao termo, proveniente do antagonismo por vezes impregnado nas relações entre mulheres e homens que elege a subordinação feminina como protagonista, além de segregar as mulheres das posições de poder. Este tema é central em muitos esforços verificados na literatura de gênero.[5]

Seja como for, ser "submissa" no evento-prisão, a despeito de não ofuscar o sentido negativo atribuído ao termo, era também agir estrategicamente. Na verdade, ainda que a qualificação "submissa" fosse limitada aos comentários públicos de domínio localizado, independentes de consenso e reconhecimento próprio, pode-se dizer que o conhecimento do sentido negativo impresso ao termo era convenientemente mobilizado pelas mulheres.

---

5   O conceito de gênero aqui empregado faz referência às produções que contestavam e explicavam a "naturalização da diferença sexual em múltiplas arenas de luta", como sugere Haraway (2004 [1991]: 211). A autora mostra como a partir dos anos 1950 "a teoria e a prática feminista em torno de gênero buscam explicar e transformar sistemas históricos de diferença sexual nos quais 'homens' e 'mulheres' são socialmente constituídos e posicionados em relações de hierarquia e antagonismo". Enfatizo, contudo, a importância dos desdobramentos do pensamento feminista no decorrer dos anos e as decorrentes diferenciações conferidas ao conceito de gênero. Para esforços nesse sentido cf. Haraway (2004 [1991]); Visweswaran (1997); Piscitelli (2001).

Eu queria muito esse homem. Desde a adolescência eu era apaixonada por ele e ele nem me olhava. Ele casou, teve filho e mesmo assim eu sonhava em ficar com ele. Quando ele foi preso ficava no perreco sabe? No telefone? Fiz que fiz até conseguir o número dele. Ligava todos os dias, ficava perrecando o dia inteirinho. A mulher dele que visitava, mas era comigo que ele falava o dia todo. Na primeira saidinha dele nos encontramos e eu engravidei. Pensei que assim ele seria meu. Comecei a visitar também, mas só quando a mulher dele não ia. Ele comprou o rol de um preso sem visita e eu entrava como visita deste preso. Eu odiava essa situação, queria que ele me assumisse como a mulher dele, mas eu tive que me submeter a tudo isso pra lutar por esse homem. Houve vezes que cheguei na fila, depois de horas de viagem, com o jumbo pesado e grávida e tive que voltar pra trás porque a mulher do cara tava lá. Que ódio. Ele me ligava na fila e me mandava embora. E eu ia, né? Fui submissa? Pode ser. Mas eu não podia arrastar o preso. Eu queria ele pra mim. Ele parou de me ligar, não me atendia, não respondia as minhas cartas. Tive filho e logo dei um jeito da mulher dele saber, mas sem que ele soubesse que eu havia mexidos os pauzinhos. Ela foi muito burra. Ficou puta da vida e parou de visitar. Ele não perdeu tempo e me pediu pra ir. Claro, ele não ia ficar sem visita só porque a bonita tava putinha. Foi só o tempo de mandar os documentos e eu já tava lá. Visitando. Depois ela quis voltar, mas era tarde. Eu já era a mulher dele e reconhecida por todos. Lutei por esse homem, nega. Chorei, sofri muito, mas agora ele é meu. Como eu sempre quis.

A narrativa da interlocutora claramente expõe as aspirações que conduziam suas atitudes na incessante busca de tornar público o relacionamento com o apenado, possivelmente identificadas como "submissas", mas mobilizadas mediante propósitos particulares, na condição de satisfação de seu estado intencional.

De modo a aprofundar as análises acerca das aspirações que conduziam as ações das *cunhadas* e suas estratégias "submissas", subsequentemente, transcrevo a narrativa de outra interlocutora:

> Antes de ser preso meu marido me batia muito. Até cadeirada eu já levei no meio de uma festa. Agora que ele tá preso, tá um amor. Nunca falou alto comigo, só me dá carinho. É outro homem. Agradece tudo o que eu faço, não acha nada ruim. Eu não tenho expectativas de que ele mude quando voltar pra rua. E também acho que não tenho o direito de cobrar qualquer mudança por conta da caminhada que eu to enfrentando. Por causa dos sacrifícios. Eu me submeto a tudo isso porque eu quero. Sei o homem que ele é, principalmente na rua, e eu estou aqui porque eu quero. É por mim, porque eu quero estar com ele, independent de qualquer coisa. Não me sinto uma idiota na caminhada, iludida que o preso vai mudar. Cadeia é uma coisa, rua é outra. Se ele continuar carinhoso quando sair, vou adorar. Se não, não será uma surpresa.

O comentário da *cunhada* coloca em relevo a adoção de um posicionamento não alimentado pela ilusão, na medida em que enfatizava conhecer as divergentes condições que a "cadeia" e a "rua" proporcionavam ao seu relacionamento. A condução dos atos da *cunhada* evidenciava, dessa maneira, o consentimento a respeito das disposições implicadas no seu relacionamento, afinal, "me submeto a tudo isso porque eu quero".

Darei continuidade a essa reflexão, mas não sem antes expor a narrativa de outra interlocutora que indica as aspirações com que move seu estado intencional:

Estou há muitos anos com o preso. Só de cadeia, oito. E não pense que eu estou aqui por causa dele, não. O compromisso é comigo. Não com ele. Não sou do tipo de mulher que tem dó ou ama o preso incondicionalmente. Pelo contrário, o sentimento é de culpa. Venho porque eu comi do crime, vesti do crime, tive luxo do crime, agora não acho que ele deve pagar sozinho por isso. Vou com ele até o fim, apesar das mancadas que ele já deu comigo. Quando ele saiu de saidinha, nem me procurou. Arrumou outra mulher. Mas vê se ela tá aqui depois que ele foi capturado? Eu até torci pra que isso acontecesse, mas ela abandonou o ladrão. Não é qualquer mulher que se submete a tudo isso, não. Além do sacrifício, ainda tem as traições. Mas como eu te disse, estou aqui para pagar uma dívida comigo.

A *cunhada* conduzia seus atos como uma solução. Como se pode verificar, de modo a reparar uma "dívida" com ela mesma, a *cunhada* "se submete" aos *sacrifícios* da *caminhada* agravados pelas traições de seu marido.

Aspirações na busca de publicização da relação amorosa, consentimento face às disposições implicadas no relacionamento, soluções em busca de reparação de dívidas, como vimos, moviam as *cunhadas* na *caminhada*, não sem conduzir estrategicamente elementos considerados submissos. Logo, mais do que coexistência, as ações das *cunhadas* associadas à noção de "submissa", mobilizadas estrategicamente pelas mulheres, configuravam o próprio efeito-resistência.

Verificava-se a condução de atos submissos como um mecanismo capaz de satisfazer convenientemente os próprios anseios, prazeres, desejos ou vontades. Ao mesmo tempo em que se conferia resistência aos anseios, prazeres, desejos ou vontades alheios. Sem, contudo, prefigurar um embate aparente. A "recalcitrância do querer e a intransigência da liberdade", como sugere Foucault (1982: 244) a respeito do poder, deslocando a problemática central da ideia de "servidão voluntária". "Os homens obedecem, não forçados e coagidos, não sob o efeito do terror, não por medo da morte, mas voluntariamente", como retoma Clastres (1976: 162) a respeito das considerações de La Boétie. Os investimentos indissociáveis das ações das *cunhadas*, as negociações e as variações implicadas na atualização de suas condutas, parecem-me constituir argumentos suficientes para nos distanciar da conclusão de que as interlocutoras desta pesquisa nutrissem algum tipo de desejo pela servidão. Ao enfatizarem: "Não é em vão tudo que eu faço pra tá aqui. É pra ter a minha família completa" ou "Aqui quem fecha é a fiel", as *cunhadas* aludiam ação, propósito, estado intencional que é indissociável à condução das práticas desempenhadas na adesão à *caminhada*. A sedução, o estímulo à complacência, as reivindicações (visibilizadas pela análise da expressão "meter o louco"), ao operar a proeminência da vontade das mulheres face às disposições de seus maridos, produziam resistência.

Assim como se produzia resistência quando se era "submissa" para ser a "mulher do cara", em busca da satisfação da relação amorosa, diante do propósito em tornar público o relacionamento, pelo desejo de estar com o *preso* ou pela reparação de um sentimento de culpa. Este empreendimento das *cunhadas* em satisfazer uma condição intencional que lhes era própria, associado à mobilização de elementos considerados submissos e justamente por se conhecer a negatividade conferida a essas ações identificadas como "submissas", não inviabilizava o reconhecimento da mulher como *fiel*. Pelo contrário, desanuviava, antes, uma insubmissão das mulheres aos seus maridos. Afinal, como me ensinaram as *cunhadas*, "não se trata como cláusula pétrea quem te trata como medida provisória".

Não é pelo vício da pedra,
por preferir a pedra à folha.
É que a cabra é expulsa do verde,
trancada do lado de fora.

A cabra é trancada por dentro.
Condenada à caatinga seca.
Liberta, no vasto sem nada,
proibida, na verdura estreita.

Leva no pescoço uma canga
que a impede de furar as cercas.
Leva os muros do próprio cárcere:
prisioneira e carcereira.

Liberdade de fome e sede
da ambulante prisioneira.
Não é que ela busque o difícil:
é que a sabem capaz de pedra.

(João Cabral de Melo Neto, 2003)

Considerações Finais

O motorista gentilmente ajudou-me a carregar a caixa de bebidas até a porta da penitenciária I. Em meio a carros e pessoas que aguardavam o fim da visita do domingo, posicionei-me para vender as comidas e as bebidas de Nicole. Do lado de fora do estabelecimento penal podia avistar as *cunhadas* pouco a pouco a deixarem a visita. Desanimadas, nitidamente cansadas e sem qualquer maquiagem, lentamente as mulheres deixavam o dia de visita na penitenciária I de Cerejeira. Em tardes como aquela, de intenso calor, eu costumava vender todas as águas e refrigerantes da grande caixa térmica coberta de gelo. Consequentemente, ficava rodeada de visitas. As *cunhadas* da excursão de Nicole aproximavam-se mesmo que não fossem consumir nada. Em dado momento do trabalho de campo, minha presença junto às bebidas e às comidas na porta da instituição funcionava como um ponto de encontro das mulheres da cidade de São Paulo. Juntas, o risco de perder o ônibus era praticamente inexistente. Ficávamos cerca de uma hora até que todas as mulheres saíssem do estabelecimento penal e o ônibus voltasse para nos buscar. Neste tempo aproveitava para conversar com as *cunhadas*, muitas vezes de outras cidades, de outras excursões.

Ao dizer que fazia pesquisa, em geral, as mulheres mostravam-se bastante interessadas em partilhar suas histórias, suas *caminhadas*. Muitas conversas, risos e choros rolavam até que entrássemos no ônibus rumo a São Paulo. Naquela tarde nada indicava que algo seria diferente. Eu conversava com duas *cunhadas* do interior paulista, uma de Ribeirão Preto e outra de Campinas, sobre "o amor incondicional" por seus respectivos maridos. Conversa muito animada, ríamos bastante diante dos percalços amorosos narrados com humor. Inesperadamente nossa atenção foi desviada por uma agitação dentro do complexo penitenciário, visível em virtude do alambrado que, naquela penitenciária, substituía as imaginadas muralhas de concreto. Não era possível saber exatamente o que ocorria, mas logo pudemos ouvir algumas especulações: "ela tá tendo uma hemorragia. É uma hemorragia. Chamem ajuda". Aproximamos-nos do tumulto e de hemorragia passamos a ouvir que a *cunhada* estava a parir. Amparada por outras mulheres na porta da instituição prisional e sob os olhares atentos de todos que aguardavam o fim da visita, a *cunhada* foi socorrida pela ambulância da própria instituição. De fato, ela estava a dar à luz.

Um tanto impressionada, caminhei até o ônibus que já nos aguardava em frente ao estabelecimento penal. Como de costume, estava lotado de mulheres. Nem mesmo era possível atravessar a porta que separava os assentos do motorista. Sem ter onde se segurar, contudo contemplando uma vista excepcional, chegamos à praça central de Cerejeira para dividir as visitas em dois ônibus. Antes que escurecesse, já estávamos na estrada a caminho da cidade São Paulo.

Era de praxe que, passado alguns minutos de viagem, a *guia* se levantasse para pronunciar o "comunicado da sintonia do ônibus". Naquele dia não foi diferente:

> Boa noite. Peço licença a todas vocês pra passar a caminhada lá de dentro [da cadeia]. O primeiro comunicado diz respeito à situação desagradável que uma cunhada passou no sábado pela manhã na pensão, quando o funcionário queria que ela dividisse quarto com o seu

cunhado que veio visitar o irmão. Pra quem não estava sabendo da situação, levamos o ocorrido lá pra dentro, várias cunhadas foram testemunhas e os presos discutiram o que seria feito. Foi decidido que a cunhada tava pelo certo porque durante a semana havia ligado na pensão pra reservar um quarto pro irmão do marido, assim prevenindo qualquer problema. Disseram também que não se trata a mulher do preso como o funcionário tratou a cunhada, aos gritos e com descaso, segundo sua versão e das testemunhas chamadas a falar. O aval é que a partir da semana que vem não ficaremos mais na pensão até que o funcionário seja mandado embora. Entenderam? O comunicado é que não ficaremos na pousada na semana que vem se o funcionário ainda trabalhar lá. Hoje foi com a cunhada, mas amanhã pode ser com a gente. Precisamos nos unir para nos fortalecer.

O termo caminhada associado ao verbo "passar" referia-se ao alastramento de um assunto, à difusão de uma narrativa, à propagação de um fato ocorrido. *Caminhada* como extensão, constituiu a segunda acepção conferida ao termo nas elucidações empreendidas no capítulo 1 que, como primeiro esforço, concentrou-se na equivocidade da noção de caminhada. Vimos que além de extensão, os sentidos atribuídos ao termo sugeriam trajetórias ou histórias de vida, laço com a situação prisional, associações temporais e ação. Atos que refletiam o encontro entre mulher, marido e cadeia, o evento-prisão. Terreno favorável para a produção de enunciados éticos, quer dizer, de um modo prático e discursivo de experimentar o mundo. Mas também *morais*, mediante a suspeição de condutas éticas.

Avaliações, intencionalidades, solidariedade, era o que germinava do que chamei de procedimentos mais visíveis da *caminhada*. A saber, a frequência na visita, o *jumbo* e a preparação da comida. Decerto esta germinação não se constituía sem desvios, variações ou eventualidades, o que, por outro lado, não desqualificava os enunciados acerca do desempenho ético da *caminhada*. Antes, como procurei mostrar, podia conduzir problemas *morais* a desenhar um pluriverso moral partilhado pelas *cunhadas*.

O "comunicado" proferido pela *guia* e transcrito acima, esboça as "consequências" de um *debate*, dentre as quais deliberaram que "a cunhada tava pelo certo". Conforme analisado no capítulo 2, deliberar que a *cunhada* "tava pelo certo" significava que diante da suspeição do desempenho de uma conduta ética esperada das mulheres que aderiram à *caminhada* e seus decorrentes *sacrifícios*, ou mesmo da *disciplina* da *cunhada*, verificava--se uma implicação *moral*, quer dizer, colocava-se em dúvida a existência do *proceder* da mulher. O *debate*, por meio de testemunhas, foi capaz de estabelecer o "certo", não sem interditar as *cunhadas* de se hospedarem na pousada até que o funcionário fosse demitido. O que talvez também pudesse ser traduzido como uma cobrança incidida sobre os responsáveis pela pensão.

Seja como for, o *debate* produzia uma verdade sobre o *proceder*. Biondi (2010) formula uma interessante imagem acerca do predicativo ao justapor o "proceder" à noção Tardiana de "possessão". "A possessão do proceder é um estado frágil, cuja estabilidade só existe se conquistada e mantida" (: 96), ressalta a autora que ainda explicita que a "possessão" de Tarde (2007) refere-se ao "desejo das mônadas de possuírem umas às outras. A possessão, neste sentido, é frágil e provisória, pois resulta de um constante embate de forças movida por desejo" (Biondi, 2010: 96, nota 86).

O "comunicado" acima ainda faz referencia à "mulher do preso" que, contrastivamente às mulheres *recalcadas*, *gadinhos*, *safadas*, *ponte* ou *coisa* e às mulheres que gostavam de preso, de ladrão, do *crime* e de cadeia, identificavam-se com a imagem da mulher *fiel*. Protagonista das *famílias* das *cunhadas* e, consequentemente, do terceiro capítulo desta etnografia que privilegiou o ponto de vista destas mulheres.

A imagem da *fiel*, como procurei argumentar, circunscrevia um espaço possível de visita; envolvia a publicização do relacionamento com o apenado; uma dedicação ao marido em consonância aos *sacrifícios*, ao *proceder* e à *disciplina* implicados em aderir à *caminhada*; a circunspecção enunciativa; e a ideia de respeito pelo marido e suas derivações, como entraves concernentes às vestimentas e ao gênero musical, a fabricação de territórios de frequentação e dos perímetros de convivência. A produção da *fiel* estava diretamente ligada à fundamentação do relacionamento com o *preso* no "amor", a tornar possível a realização do projeto de tornar a *família*-imperfectiva em plena.

A realização deste projeto era alimentada por meio da *família*--manutenção, o que colocava em relevo o estado intencional intrínseco à atualização das orientações de conduta, ao desempenho dos procedimentos envolvidos na adesão à *caminhada*, à disposição em atender aos enunciados dispostos em ser *fiel* das mulheres. O que passou a ser considerado investimentos das *cunhadas* em detrimento da aniquilação da vontade própria ou possível submissão aos seus maridos. Efeito-resistência, foi o que se tornou evidente nas práticas das *cunhadas* ainda que por meio de atos reconhecidos como submissos. Uma insubmissão das mulheres, em virtude da maneira como as *cunhadas* conduziam as situações fazendo prevalecer suas vontades, desejos, prazeres e anseios face aos dos seus maridos.

As *famílias* das *cunhadas* "não é um fato bruto, um dado institucional, nem uma estrutura que se mantém ou se quebra", como nos diz Foucault (1982: 247) a respeito do exercício do poder, ela "se elabora, se transforma, se organiza, se dota de procedimentos mais ou menos ajustados", para tomar emprestadas as palavras do autor. No contexto etnografado, segundo o ponto de vista das *cunhadas* e, mais do que isso, no deslocamento de seus pontos de vista, quer dizer, em suas acepções sobre os pontos de vistas do corpo institucional, dos apenados, e das próprias *cunhadas*, *família* era algo considerado bom, mas também algo negativo. *Família* era sagrada, *família* era visita, *família* era Comando. *Família* também era incompleta, manutenção e projeto. Eram estas as *famílias* das *cunhadas*. *Famílias* de mulheres que amam. *Famílias* de mulheres *fiéis*.

Referências Bibliográficas

ALMEIDA, Heloisa Buarque de. *Telenovela, consumo e gênero: "muitas mais coisas"*. Bauru-São Paulo: Edusc/Anpocs, 2003.

AUSTIN, John L. "Performative Utterances". In: URMSON, J. O.; WARNOCK, G. J. (Eds.). *Philosophical Papers*. Oxford: Oxford University Press, 1961 [1946], p. 233-253.

BIONDI, Karina. *Junto e misturado: uma etnografia do PCC*. São Paulo: Editora Terceiro Nome, 2010.

_____. "Devir-mulher: uma desterritorialização da prisão". In: *XV Jornada de Jóvenes Investigadores de La AUGM (Associación de Universidades Grupo Montevideo)*. 2007.

_____. "Tecendo as tramas do significado: as facções prisionais enquanto organizações fundantes de padrões sociais". In: GROSSI, Mirim Pillar; HEILBORN, Maria Luiza; MACHADO, Lia Zanotta (orgs.). *Antropologia e Direitos Humanos 4*. Florianópolis: Nova Letra, 2006, p. 303-350.

BIONDI, Karina e MARQUES, Adalton. "Memória e historicidade em dois 'Comandos' prisionais". *Lua Nova: Revista de Cultura e Política*, São Paulo, nº 79, 2010, p. 39-70.

BRAMAN, Donald. *Doing Time on the Outside: Incarceration and Family Life in Urban America*. Ann Arbor: University of Michigan Press, 2004.

BUORO, Andrea Bueno. *Negociando a dignidade humana: os familiares de presos e a percepção de direitos humanos*. Dissertação de Mestrado. Programa de Pós-Graduação em Antropologia Social – FFLCH – USP, São Paulo, 1998.

BUTLER, Judith. *Problemas de gênero. Feminismo e subversão da identidade*. Rio de Janeiro: Civilização Brasileira, 2003.

_____. *Excitable Speech: A Politics of the Performative*. New York & London: Routledge, 1997.

CLASTRES, Pierre. "Liberdade, Mau encontro, Inominável". In: *Arquitetura da Violência*. São Paulo: Cosac Naify, 2004 [1976], p. 155-171.

CLEMMER, Donald. *The prison Community*. New York: Holt, Rinehart and Winston, 1958 [1940].

CLIFFORD, James. *A Experiência Etnográfica. Antropologia e literatura no século XX*. Rio de Janeiro: Editora UFRJ, 2008 [1994].

COMERFORD, John. *Como uma família: Sociabilidade, territórios de parentesco e sindicalismo rural*. Rio de Janeiro: Relume Dumará, 2003.

COMFORT, Megan. "'Tanto bom homem atrás das grades! O encarceramento maciço e a transformação das relações amorosas nos Estados Unidos". In: CUNHA, Manuela Ivone (org.). *Aquém e além da prisão. Cruzamentos e perspectivas*. Editora 90 graus, 2008.

DELEUZE, Gilles e GUATARRI, Félix. *Mil Platôs: capitalismo e esquizofrenia*. Vol.1. São Paulo: Editora 34, 1995 [1980].

DURKHEIM, Émile. *A Educação Moral*. Petrópolis-RJ: Editora Vozes, 2008.

_____. *O suicídio. Estudo de sociologia*. São Paulo: Martins Fontes, 2000.

FASSIN, Didier. "Beyond good and evil? Questioning the anthropological discomfort with morals". In: *Anthropological theory*, n° 4, vol. 8, 2008, p. 225-246.

FELTRAN, Gabriel de Santis. "Crime e Castigo na Cidade: os repertórios da justiça e a questão do homicídio nas periferias de São Paulo". In: *Caderno CRH, Salvador*, n° 58, vol. 23, 2010a, p. 59-73.

_____. "Margens da Política, Fronteiras da Violência: uma ação coletiva das periferias de São Paulo". *Lua Nova: Revista de Cultura e Política*, São Paulo, n° 79, 2010b, p. 201-233.

_____. *Fronteiras de tensão: um estudo sobre política e violência nas periferias de São Paulo*. Tese (doutorado em Ciências Sociais) – Unicamp, Campinas, 2008.

FOUCAULT, Michel. "O sujeito e o poder". In: DREYFRUS, Hubert L. e RABINOW, Paul (orgs.). *Michel Foucault. Uma Trajetória Filosófica. Para além do estruturalismo e da hermenêutica*. Rio de Janeiro: Forense Universitária, 1982 [2009].

_____. *A história da sexualidade. A vontade de saber*. Rio de Janeiro: Graal, 2008.

_____."Precisões sobre o poder: respostas a certas críticas". In: *Ditos e Escritos*. Rio de Janeiro: Forense, vol. IV, 2006.

GODOI, Rafael. *Ao redor e através da prisão: cartografias do dispositivo carcerário contemporâneo*. Dissertação de Mestrado. Programa de Pós Graduação em Sociologia – FFLCH-USP, São Paulo, 2010.

GREGORI, Maria Filomena. "Relações de Violência e Erotismo". *Cadernos Pagu*, Campinas, n° 20, 2003, p. 87-120.

_____. *Cenas e Queixas - Um estudo sobre mulheres, relações violentas e a prática feminista*. São Paulo: Paz e Terra/Anpocs, 1993.

GRIMBERG, Samirian. *Luta de Guerreiros, castigos de ninjas e amor de rainhas: etnografia de uma rebelião prisional.* Dissertação de mestrado. Programa de Pós Graduação em Antropologia Social – UFSCar, São Carlos, 2009.

HAGAN, John e DINOVITZER, Ronit. "The Collateral Consequences of Imprisonment for Children, Communities, and Prisioners". In: TONRY, Michael e PETERSILIA, Joan (eds.). *Prisions.* Chicago: University of Chicago Press, 1999, p. 121-162.

HARAWAY, Donna. "'Gênero' para um dicionário marxista: A política sexual de uma palavra". *Cadernos Pagu,* Campinas, nº 22, 2004 [1991], p. 201-246.

HERZFELD, Michael. "Honour and shame: problems in the comparative analysis of moral systems". *Man,* nº 2, vol. 15, 1990, p. 339-351.

HIRATA, Daniel Veloso. *Sobreviver na adversidade: entre o mercado e a vida.* Tese (doutorado em Sociologia) – FFLCH-USP, São Paulo, 2010.

_____. "No meio de campo: o que está em jogo no futebol de várzea?". In: TELLES, Vera da Silva e CABANES, Robert (orgs.). *Nas Tramas da cidade: trajetórias urbanas e seus territórios.* São Paulo: Humanitas, 2009.

HOLBRAAD, Martin. "Estimando a necessidade: os oráculos de Ifá e a verdade em Havana". In: *Mana,* nº 2, vol. 9, 2003, p. 39-77.

LÉVI-STRAUSS, Claude. *O pensamento selvagem.* Campinas: Papirus, 2008 [1962].

MALVASI, Paulo. *Interfaces da vida loka. Um estudo sobre jovens, tráfico de drogas e violência em São Paulo.* Tese de doutorado – FSP-USP, São Paulo, 2012.

MARQUES, Adalton. "'Liderança, 'proceder' e 'igualdade': uma etnografia das relações políticas no primeiro comando da capital". *Etnográfica,* nº 2, vol. 14, 2010, p. 311-335.

_____. *Crime, proceder, convívio-seguro - Um experimento antropológico a partir de relações entre ladrões.* São Paulo: Dissertação (mestrado em Antropologia) – FFLCH-USP, São Paulo, 2009.

_____. "*Proceder*": "*O Certo pelo Certo*" *no Mundo Prisional*. Monografia (Graduação em Sociologia e Política). – Escola de Sociologia e Política de São Paulo, 2006.

MARQUES, Ana Claudia. *Intrigas e Questões. Vingança de família e tramas sociais no Sertão de Pernambuco*. Rio de Janeiro: Relume Dumará, 2002.

_____. "Ensaio Bibliográfico. Algumas faces de outros eus. Honra e patronagem na antropologia do mediterrâneo". *Mana*, nº 1, vol. 5, 1999, p. 131-147.

MAUER, Marc e CHESNEY-LIND, Meda (eds.). *Invisible Punishment: The Collateral Consequences of Mass Imprisionment*. New York: The New Press, 2002.

MAUSS, Marcel e HUBERT, Henri. *Sobre o sacrifício*. São Paulo: Cosac Naify, 2005 [1969].

MAYBLIN, Maya. "The way blood flows: the sacrificial value of intravenous drip use in Northeast Brazil". *University of Edinburgh Journal of the Royal Anthropological Institute (N. S.)*, S42-S56 – 2013, 2013.

_____. *Gender, catholicism and morality in Brazil. Virtuous husbands, powerful wives*. Palgrave, New York: Macmillan, 2010.

MELO NETO, João Cabral. *Obra completa*. OLIVEIRA, Marly de (org.). Rio de Janeiro: Nova Aguilar, 2003.

MORAWSKA VIANNA, Catarina. *Os Enleios da Tarrafa: Etnografia de uma relação transnacional entre ONGs*. São Carlos: EdUFSCar, 2014.

_____. *Os Enleios da Tarrafa: Etnografia de uma parceria transnacional entre ONGs através de emaranhados institucionais de combate à pobreza*. São Paulo: Tese de doutorado. Programa de Pós Graduação em Antropologia Socia – FFCLH-USP, São Paulo, 2010.

NEVES, Delma P. "Nesse terreiro, galo não canta. Estudo do caráter matrifocal de unidades familiares de baixa renda". In: *Anuário Antropológico*

83. Fortaleza: Edições UFC. Rio de Janeiro: Tempo Brasileiro, 1985, p. 199-221.

PATILLO, Mary; WEIMAN, David e WESTERN, Bruce (eds.). 2004. *Imprisioning América: the Social Effects of Mass Incarceration*. New York: Russell Sage Foundation.

PEREIRA, Alexandre Barbosa. De "role" pela cidade: os "pixadores" em São Paulo. Dissertação (mestrado em Antropologia) – FFLCH-USP, São Paulo, 2005.

PISCITELLI, Adriana. "Re-criando a categoria mulher?". In: ALGRANTI, Leila Mezan (org.). A prática feminista e o conceito *de gênero*. Campinas: IFCH/Unicamp, vol. 48, p. 7-42, 2001.

PUGLIESE, Gabriel. *Sobre o "Caso Marie Curie". A Radioatividade e a Subversão do Gênero*. Dissertação de Mestrado. Programa de Pós Graduação em Antropologia Social – FFLCH-USP, São Paulo, 2009.

SARTI, Cynthia Andersen. *A família como espelho: um estudo sobre a moral dos pobres*. 3 ed. São Paulo: Cortez, 1996

SÓFOCLES. *Antígona*. Porto Alegre: L&PM, 2011.

SPAGNA, L. N. "'Mulher de Bandido': a construção de uma identidade virtual". In: *Revista dos Estudantes de Direito da Universidade de Brasília*, nº 7, 2008, p. 203-228.

STENGERS, Isabelle. "Rapport - Comparison as a matter of concern". In: *Common Knowledge*, nº 1, vol. 17, 2011, p. 48-63.

STOLCKE, Verena. "A família que não é sagrada. Sistema de trabalho e estrutura familiar: o caso das fazendas de café em São Paulo". In: CORRÊA, Mariza (org.). *Colcha de retalhos: estudos sobre a família no Brasil*. São Paulo: Brasiliense, 1992.

STRATHERN, Marilyn. *Partial Connections*. Walnut Creek: Altamira Press - Rowman & Littlefield Publishers, 2004 [1991].

TARDE, Gabriel. "Monadologia e Sociologia". In: VARGAS, Eduardo Viana (org.). *Monadologia e Sociologia e outros ensaios*. São Paulo: Cosac Naify, 2007 [1895], p. 51-131.

TOLEDO, Luiz Henrique. "Torcer: metafísica do homem comum". *Revista de História (USP)*, vol. 163, 2010, p. 175-189.

TONRY, Michael (ed.). *The Handbook of Crime and Punishment*. New York: Oxford University Press, 1998.

VILLELA, Jorge. "Moral da política e antropologia das relações de poder no Sertão de Pernambuco". *Lua Nova: Revista de Cultura e Política*, São Paulo, vol. 79, 2010, p. 163-199.

_____. "Família Como Grupo? Política como agrupamento?". *Revista de Antropologia* (USP - Impresso), vol. 52, 2009, p. 201-246.

_____. *O povo em armas: violência e política no sertão de Pernambuco*. Rio de Janeiro: Relume Dumará, 2004.

VISWESWARAN, Kamala. "Histories of feminist ethnography". *Annu. Rev. Anthropol*, vol. 26, 1997, p. 591-621.

WEINER, Annette. *Women of value, men of renown*. United States of America Fourth Paperback Printing, 1989 [1976].

WILLERSLEV, Rane. "The optimal sacrifice: a study of voluntary death among the Siberian Chukchi". *American Ethnologist*, vol. 36, 2009, p. 693-704.

WOORTMANN, Klaas e WOORTMANN, Ellen. *Monoparentalidade e chefia feminina – conceitos, contextos e circunstâncias*. Brasília: Departamento de Antropologia da Universidade de Brasília, 2004.

Agradecimentos

Devo muito mais do que um obrigado à minha família materna. Para além da admiração que alimento por cada um, agradeço-os por confiarem em meu projeto de vida. Aliás, muito mais do que confiarem, por tê-lo como parte do projeto de suas próprias vidas. Em especial, aos meus avós por todo o carinho e preocupação e à tia Rosely pelo apoio e cuidado diários, daquele jeito que só as mães sabem fazer. Devo agradecimentos especiais também à minha mãe, Sueli, pela condução de uma existência inteiramente doada a mim. Agradeço pelos sonhos que sonhamos juntas e pela certeza de que nunca estarei sozinha. Sou grata também a meu pai, Nelson, pela preocupação com meu futuro e pelas alegrias que deixamos no passado.

À família XI por darem sentido à palavra amizade. Agradeço meus queridos amigos por não cansarem em me fazer bem. Sobretudo ao David, pela saudade de todos os dias. Uma dor que eu gosto de sentir já que é o que dele me restou.

Para além da imensa importância que tiveram na elaboração de cada linha desta etnografia, das interlocuções diárias, dos comentários precisos, das provocações estimulantes e das revisões cuidadosas, agradeço à Marina Defalque pelos abraços, pela extrema cumplicidade e pela sensação de que terei uma amiga para toda a vida. À Vanessa Perin por tamanha generosidade em partilhar comigo suas admiráveis leituras do mundo. À Thais Mantovanelli pela inenarrável alegria que me toma nossa forte parceria. Como é seguro e prazeroso viver com o sentimento de que estamos "junto no fronte".

Queridas Clarissa Martins Lima e Sara Munhoz, agradeço-as pelos inúmeros e instigantes diálogos que muito contribuíram para a existência desta etnografia, embora o grande privilégio seja tê-las como grandes amigas. Estendo estes agradecimentos a todos os colegas da nossa turma de mestrado, pelos debates estimulantes que não raramente extrapolaram as salas de aula. Agradeço também aos meus colegas de graduação em Ciências Sociais da turma de 2007 da UFSCar, em especial, Maria Luisa Ribeiro, Álvaro Brolo e Marco Aurélio Ribeiro, queridos amigos que felizmente durante o mestrado permaneceram em minha estrada. Durante a redação deste trabalho, as amizades de Gustavo de Biagi e Anderson Machado foram essenciais para evitar que eu sucumbisse à loucura. Sou grata, particularmente, por nossas empolgantes conversas sobre artes marciais. Obrigada também ao amigo Felipe Tiberti por sua generosidade.

Agradeço fortemente meu querido amigo Renan Martins Pereira. Seu apoio e lealdade nos dias difíceis que se seguiram à defesa foram fundamentais no processo de revisão do texto para publicação. Assim como a companhia de Fernando Mazzer, a quem sou igualmente grata. Deixo meu agradecimento também a Daniel Cardoso por toda a força.

Agradeço à Capes pelo financiamento integral à pesquisa. À Fapesp pelo auxílio financeiro para a publicação deste trabalho. Aos atenciosos funcionários da Alameda Casa Editorial que trabalharam para a existência deste livro. E ao meu amigo Ion Fernández De Las Heras por me presentear com essa capa maravilhosa.

Obrigada também a todos os professores e funcionários do PPGAS-UFSCar. Obrigada à Marina Cardoso pelas disciplinas que tanto me inspiraram. Obrigada ao Felipe Vander Velden pela paciência e entusiasmo com que me ouvia falar da pesquisa de campo, além da gentileza em viabilizar o contato com a editora para a publicação em livro. Os apontamentos de ambos os professores foram essenciais para minhas reflexões.

Decerto é um grande privilégio contar com Luiz Henrique de Toledo em todo o processo de composição deste trabalho. Agradeço imensamente suas brilhantes considerações nas bancas de qualificação e defesa, assim como sua generosidade em aceitar o convite que resultou no poderoso prefácio que compõe este livro. Obrigada também à Heloísa Buarque de Almeida por gentilmente aceitar participar da banca de defesa.

Um forte agradecimento à Jania Perla Aquino, por viabilizar o instigante debate promovido no III Seminário Internacional – Violência e Conflitos Sociais: Ilegalismos e Lugares Morais. Alongo este agradecimento a todos os interlocutores de congressos que participei durante a graduação e o mestrado.

Certamente as discussões do curso "Violência, gênero e sexualidade", realizado no primeiro semestre de 2011 na Unicamp, foram essenciais para os desdobramentos da pesquisa. Agradeço imensamente à Maria Filomena Gregori pela oportunidade de diálogo. Um agradecimento especial também devo à Ana Claudia Marques, por suas falas sempre inspiradoras, pelos encontros do Hybris (Grupo de Estudo e Pesquisa sobre Relações de Poder, Conflito e Socialidade) e pela possibilidade de participar do curso "Família, política e conflito social" no segundo semestre de 2011 na USP. Ambos os cursos forneceram um material de reflexão fundamental ao trabalho.

Agradeço os colegas do Hybris, por todas as discussões instigantes, em especial, pela discussão do meu texto de qualificação. Os comentários de cada colega foram fundamentais para os caminhos que esta etnografia trilhou. O mesmo digo aos queridos colegas do Leap, Laboratório de Estudos sobre Agenciamentos Prisionais, sobretudo pelo intenso movimento de ideias. Obrigada especialmente a Adalton Marques por seu forte estímulo no processo de elaboração da pesquisa.

À querida amiga e excelente antropóloga Karina Biondi. Por me presentear com esse lindo texto que resultou na orelha do livro e pelo privilégio de nossa forte parceria.

Devo muitos agradecimentos à Catarina Morawska Vianna, são imensuráveis suas contribuições para esta pesquisa. Agradeço os deslocamentos despertados pelas discussões em sala de aula e fora dela. Agradeço toda inspiração provocada por sua brilhante antropologia. Agradeço sua generosa amizade.

A tarefa de agradecer um orientador como Jorge Villela, a despeito da plena certeza de que lhe devo uma imensa gratidão, não é exatamente fácil. Pelo contrário, nunca será suficiente agradecê-lo por tamanha dedicação, por tantos ensinamentos, não apenas como impecável orientador e extraordinário antropólogo, mas como grande amigo que felizmente se tornou. Seja como for, é preciso expressar meu reconhecimento ao responsável pelo meu encontro com a antropologia. Ainda que por meio de um simples "obrigada por não ter enfrentado sozinha este trabalho".

Um trabalho que não poderia existir sem as *cunhadas*. Devo muitos agradecimentos às mulheres que com grande paciência e gentileza conduziram minha pesquisa etnográfica. Serei para sempre grata pelo modo como me acolheram em suas *caminhadas* e por me mostrarem um mundo de mulheres fortes e admiráveis. Só lamento não poder agradecê-las nominalmente! Obrigada também à Nicole, por toda disposição em viabilizar a pesquisa. Igualmente devo agradecimentos à sua família e aos funcionários da pensão. Assim como aos motoristas (de São Paulo, Marília e Campinas), aos donos do trailer, às mães, às filhas e às irmãs de presos que conheci nessa experiência etnográfica. Muito obrigada a todos! Sobretudo pelo carinho que tiveram comigo durante as viagens a Cerejeira.

Finalmente, pensar em agradecer Isadora por permitir que um momento tão doloroso de sua vida se tornasse centro de meus esforços de pesquisa era bastante perturbador. Como grandes amigas que somos, sei que a ferida aberta pela *caminhada* cresce todos os dias em seu corpo. Todavia, diante de seus esforços em me convencer que este livro poderia ser a única boa lembrança desses anos na *caminhada*, não mais me perturba dizer obrigada à Isadora pela confiança e pelo cuidado que dedicou a mim durante o desenvolvimento deste estudo. Espero um dia retribuir tamanha dedicação. Toda minha gratidão também ao Vitor e à dona Alice (noivo e sogra de Isadora), por toda força e incentivo à pesquisa. Desejo todos os dias a liberdade de Vitor para que o *sofrimento* chegue ao fim!

Esta obra foi impressa em São Paulo pela Graphium na primavera de 2015. No texto foi utilizada a fonte Adobe Garamond Pro em corpo 10,5 e entrelinha de 15 pontos.